「英語を話せる人」×と「挫折する人」の習慣

西 真理子
nishi mariko

はじめに　～まずは1年、「急がば回れ」～

本書を手に取ってくださったかた。ありがとうございます。まずは御礼を申し上げるとともに、お願いしたいことがひとつあります。いま、書店にいらっしゃるかたは、この本の周りをぐるりと眺めてくださいますか? おそらく、何十冊という単位で「英語が話せるようになる本」「英語上達法」「英語はすぐにわかる」といったタイトルの本が目に入ってくると思います。このように多くの語学書があふれる中、「私がこの本を書く理由」についてて少しお話しさせてください。

まずは私の自己紹介から。**私はこれまで海外で暮らした経験がなく、留学経験もありません。それどころか短期のホームステイの経験すらないうえに、英会話学校に熱心に通った経験もありません。**外国語教授法を大学院で修めた人間でもありません。長崎で生まれ、東京で育ちましたが幼いときは海外旅行に行く機会もなく、いまはやりの英語のプレスクールに通うなんてことは考えられない、英語に無縁の環境で育ちました。

それでも大学卒業後、外資系企業数社にて役員秘書・エグゼクティブアシスタントとして、アメリカ人、スウェーデン人、イギリス人、香港人の社長や重役のもとで通訳や翻訳を含む業務を担当してきました。勤務のかたわら、15年前に「英語コーチ」としてマンツーマンの英語講師活動を始め、小学生からビジネスマン、専業主婦までさまざまな職業や年代のかたを教えてきました。

英語に無縁だった私がどうして〝英語漬け〟の人生を送ることになったのか…。きっかけは、中学校に入学したときに始めたＮＨＫの『基礎英語』でした。この、日本語とはまったく違う言語である英語に魅せられ、その後35年間勉強を続けています。その中で仕事で英語を使い始め、ついには英語講師として活動するにいたっています。

私は英語を話せるようになるためには、**英語の勉強を正しく「習慣化」する必要がある**と考えています。英語は、日本語と同じくひとつの「言語」です。なので、英会話学校に通えばいきなり話せるようにはなりません。「1週間でペラペラになる」といった類の本を読めば一生英語に不自由しない能力がつくわけでもありません。「何か手っ取り早い方法はないのか？」と思われるかもしれませんが、ここは「急がば回れ」。正しい勉強法を

「習慣化」し、やり続けると効果は必ず出ます。本書は、「どうしたら英語ができるようになるのか」「どの教材が続けやすいか」「どの学習法がより効果的か」を文字通り〝人体実験〟してきた結果、英語を上達させるために行うべき「習慣」が貯まってきたのを、英語学習に悩むかたに知っていただきたいという思いで書きました。まずはこれらの**「習慣」を1年続けてみてください。効果を保証します。**

先に書いた通り、私は留学経験がなく、英語の教授でもないですが、仕事をするのに不自由ない英語力は身につけてきました。お教えしてきた生徒さんの成果も上がっていて、超初級者のかたがビジネスで英語を使いこなせるまでになった例もあります。その経験をもとに、英語を上達させる際に「何を、どのようにやればいいか」を詳しく説明していきます。教材については、ただ単に教材名を羅列するのではなく、その教材の効果が最大限に引き出せる使い方もご紹介しています。

ビジネスで英語を使わなくてはならないかたや、試験に合格しなければならないかたなどのお役に少しでも立つことができれば、これ以上の光栄はありません。

○もくじ

はじめに

第1章 ▼▼▼ **スピーキング編**

01 **話せる人は歌手になり、**
挫折する人は平坦に話す。 18

02 **話せる人は単語帳のすべてを覚えず、**
挫折する人は単語帳の1ページ目から覚える。 22

03 **話せる人はI think が口癖、**
挫折する人はYes. が口癖。 26

04
話せる人はうなずかず、
挫折する人はあいづちで共感する。 30

05
話せる人は聴き上手でツッコミ上手、
挫折する人は自分が話す番のことで頭がいっぱい。 34

06
話せる人は音読を習慣にし、
挫折する人は面倒と言う。 38

07
話せる人はゆっくりと話し、
挫折する人はペラペラ流暢。 42

08
話せる人は礼儀正しく話し、
挫折する人は通じれば十分と思っている。 46

09
話せる人は助動詞を使いこなし、
挫折する人は気にせず漫然と話す。 50

10 話せる人は日本語でも話し上手、
挫折する人は日本語でもとりとめない。 54

11 話せる人は中国語を学び、
挫折する人は英会話カフェに行く。 58

12 話せる人は「数字」に強く、
挫折する人はいきなり交渉英語を学ぶ。 62

第2章 ▼▼▼ リスニング編

13 話せる人はスルメを噛みしめるように英語を聴き、
挫折する人は英語のシャワーをあびる。 68

14 **話せる人は海外ニュースを聴き、**
挫折する人は洋画を観る。 72

15 **話せる人はじっと座って50回聴き、**
挫折する人は電車で〝ながらリスニング〟。 76

16 **話せる人は発音の本を読み、**
挫折する人はネイティブ講師に飛びつく。 80

第3章 ▼▼▼ 環境・ツール編

17 **話せる人は英会話学校を振り、**
挫折する人は情でつき合い続ける。 86

18 **話せる人はグリーン車に乗って勉強し、**
挫折する人は満員電車で立ってでも勉強する。 90

19 **話せる人は勉強道具にお金をかけ、**
挫折する人は物持ちがいい。 94

20 **話せる人は海外留学に行くタイミングを知っていて、**
挫折する人は「人生の転機」と言って海外留学する。 98

21 **話せる人は急がば回れ、**
挫折する人は「１週間でペラペラになれる本」に飛びつく。 102

22 **話せる人は辞書とともに歩き、**
挫折する人は都度ネット検索。 106

23 **話せる人は１冊を使い倒し、**
挫折する人は語学書ベストセラーを買いあさる。 110

第4章 ▼▼▼ モチベーション編

24 話せる人は一期一会、
挫折する人は断捨離。 116

25 話せる人は呼吸を整え、
挫折する人は勉強を作業化する。 120

26 話せる人は先生をうまく〝利用〟し、
挫折する人は先生を信頼し身をゆだねる。 124

27 話せる人は緻密な計画を立て、
挫折する人は行き当たりばったり。 128

28 話せる人は英語をやる目的がユニーク、
挫折する人は英語力で転職できると信じている。 132

29 話せる人はさまざまな本を日本語で読み、
挫折する人は英語しか見ない。 136

30 話せる人は信じやすく、
挫折する人は疑う。 140

31 話せる人は習慣でできており、
挫折する人は行動して満足する。 144

32 話せる人は危機感を持ち、
挫折する人は自分より話せない人を見て安心する。 148

33 話せる人は悔しがり、
挫折する人は切り替えが早い。 152

第5章 ▼▼▼ 資格試験編

34 **話せる人は「MY試験」、**
挫折する人は流行りの試験。 158

35 **話せる人はTOEICはテストだと割り切り、**
挫折する人はTOEIC800点ならペラペラだと思う。 162

36 **話せる人は英検で語学力を高め、**
挫折する人は「英検は時代遅れ」と言う。 166

37 **話せる人は過去問から入り、**
挫折する人はまずテキストを開く。 170

第6章 ▼▼▼ リーディング&ライティング編

38 話せる人は手と口を使い、
挫折する人は目と耳だけを使う。 ～その一～ 176

39 話せる人は手と口を使い、
挫折する人は目と耳だけを使う。 ～その二～ 180

40 話せる人は自分の興味に合わせた洋書を読み、
挫折する人はディズニーに弱い。 184

41 話せる人は中学英語を大切にし、
挫折する人はビジネス英語にこだわる。 188

42 話せる人はインターネットを活用し、
挫折する人は翻訳ソフトからコピペする。 192

43 話せる人は日本語文法を学び、
挫折する人は「述語って何？」と言う。～その一～ 196

44 話せる人は日本語文法を学び、
挫折する人は「述語って何？」と言う。～その二～ 200

45 話せる人は細かなミスを気にし、
挫折する人はミスを許容する。 204

46 話せる人は時制を考え、
挫折する人はすべて現在形で話す。 208

47 話せる人はスピーキングを捨て、
挫折する人は英会話学校に貢ぐ。 212

第7章 ▼▼▼ 文化理解編

48 話せる人は Thank you. の理由を明確に言い、
挫折する人は以心伝心を試みる。 218

49 話せる人は背筋を伸ばして話し、
挫折する人はへこへこする。 222

50 話せる人は相手に好きな話をさせ、
挫折する人は自分が無理に話そうとする。 226

おわりに

○カバーデザイン　OAK　辻　佳江

第1章

スピーキング 編

01 話せる人は歌手になり、挫折する人は平坦に話す。

「歌手」と書きましたが、これは「音痴だと英語を話せるようにならない」といった話ではありません。ここでいう「歌手」は少し意味合いが違います。

日本人の話し方は平坦すぎて、何を言いたいのかよくわからないと言われることがあります。日本人は文章の中でどの単語に一番気持ちを込めるか、その**「気持ち」が強く入らないことが多いので、聞いていても何を言いたいのか、外国人には伝わりにくい**のです。

つまり、変にテンションを上げるのではなく、「テンションはそのままで、アクセントやイントネーションに気をつけて、相手に正しく伝わるように話しましょう」ということです。

こう説明すると、「そもそも、イントネーションという言葉の意味がわからない」とおっしゃるかたがいました。「アクセントとどう違うのですか？」と。言われてみれば学校ではこの区別を習わないかもしれません。

まず、**イントネーションは「音の高低」**です。日本語で「雨」「飴」は「雨」の「あ」のほうが「飴」の「あ」よりも高い音になっています。一方で**アクセントは「音の強弱」と言われますが、この説明でわかりにくければ、「音の長さ」だと思って**ください。外国人が日本語を発音するとき、母音が長くなるところがあると思います（私の名前「マリコ」であれば、「マ・リーコ」と言うかたが多い）。その長くなった音がアクセントです。

アクセントも大事ですが、伝わる英語のためにはイントネーションが本当に大切です。これを練習するやり方があります。まず、**英語を音楽だと思って**ください。頭の中に五線譜を書きます（私は西洋楽器をやっているので「五線譜」ですが、四線でもなんでも結構です）。そこに、話したいフレーズを「メロディで」書いてみます。そのときに、「何を一番相手に伝えたいのか」を考えて、音の高低をつけます。

とあるリゾートホテルで英語研修をしたときのこと。英語があまり得意でないスタッフさん向けには、難しいことを考える前にまず、「当ホテルへようこそ」というとても大切なフレーズ、Welcome to our hotel!　を自信を持って言えるように練習をしてもらいました。これを「メロディ」で書いてみると図のようになります。

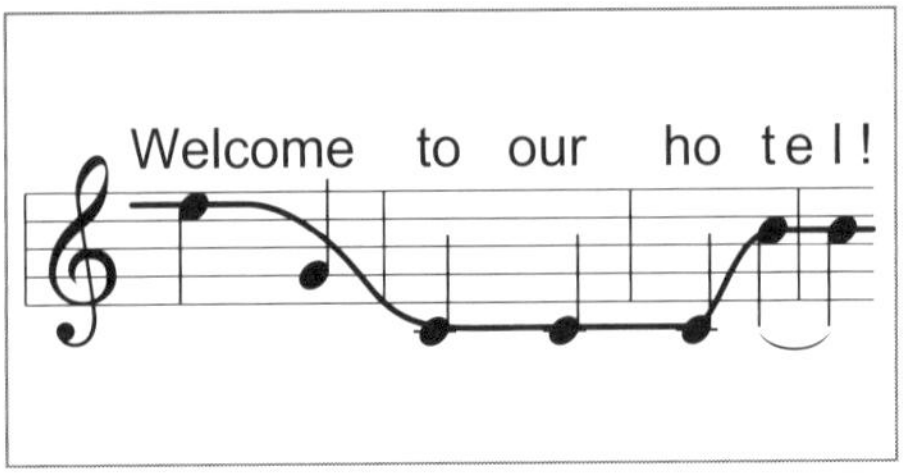

このフレーズでは「ようこそ！」を示すWelcomeが最も高くなっています。そして、hotelのアクセントは後半のtelにありますので、「ホゥ・テール」と少し長めの音になっています。

このとき、**音の高低の差をつけないと、外国人に伝わりにくい**ので、日本語で話しているときよりも意識して「音域の幅を広く」取るのがコツです。また、アクセントがついている音は他の音よりも意識的に長めに言います。たとえばWhat is he doing? のdoingは「ドゥゥーイング」のように。

この練習を積み重ねていくと、「何をもっとも伝えたいのか？」を瞬時に理解し、適切なイントネーションとアクセントで話せるようになっていきます。**早口で話す必要などありません。ゆっくり丁寧に、**

音域を広くです。

イントネーションやアクセントがいかに大切かを示す文の例として、When would suit you?（ご都合がいいのはいつでしょうか?）という表現があります。私は「これはできれば使わないように」と生徒さんに言っています。「これを言ったら外国人に通じなかった」という話を聞くことが多いからです（書くとわかるのですが、言うと通じないということ）。実は、動詞であるsuitという単語を発音するときに、かなり高い音で、かつ、音の長さを十分に保って「スゥゥート」と言わないとわかりにくいようです。日本人が話すと「スゥト」や「スット」と聴こえるらしく、外国人に「?」という顔をされます。かようにイントネーションとアクセントは大切ということですね。

02 話せる人は単語帳のすべてを覚えず、挫折する人は単語帳の1ページ目から覚える。

単語帳を使ったことがないかたはいらっしゃらないと思います。大学受験用にはじまって、英語検定用、ＴＯＥＩＣ用、業界別…と英単語集は山のように発売されています。中でもＴＯＥＩＣ用は「初心者」「初級」「中級」「上級」…と分冊で売れるという話を聞きました。実際、生徒さんから「ボキャブラリー不足で悩んでいます。単語帳を買ったほうがいいですか？」と聞かれることが多いです。

私の経験から、**単語帳は必要ない**のではと思います。英検一級を受けるときに、合格請負人のような講師に『1100 words you need to know（必須単語１１００語）』という、私の人生で、今後二度と出会わないような単語ばかりが出ている単語本を勧められました。書き込み式になっているのと、短文が一緒に出ているため覚えやすいというのがウリでしたが、結局半分までいったところで挫折しました。

これは、私に根気がなかったこと以外に、出てくる単語になじみがなさすぎてついていけなかったのが理由です。こういう単語帳はたいていＡから順番に並んでいて、それもこれまでの人生でお目にかかったこともない単語ばかりであることが多い。このような単語をこの配列で覚えるのは大変効率が悪いと思います。

この挫折の経験と、私の生徒さんたちの様子から、**「『出るから覚えろ』形式の単語帳」で単語を勉強するのは難しい**のではと思っています。英語で有名な出版社のＣＤつき英単語本も、英語を勉強する方々の間で人気が高い「同じ単語が何度も出てくる単語帳」も事情は同じです。**「人生でお初にお目にかかる」単語は覚えにくい**のです。

ではどうすればよいか？

私がお勧めしているのは、**「出会った単語をまとめて何度も見返す」**こと。問題集を解いていて出会った単語、外国人との打ち合わせで出会った単語、英語のレッスンで先生から「覚えなさい」と言われた単語などをリストアップしていきます。エクセルなどコンピューターのスプレッドシートを使っているかたもいれば、ノートやルーズリーフなどに手書きにしているかたもいます（手書きでないと覚えられないとか）。

あまりお勧めできないのは、英単語アプリ。これは手軽ですし、効果がありそうな気がしますが、結局覚えられません。私自身いろいろ手を出してみましたが、結局使いにくくて使わなくなってしまいました。音声で発音を聴けたり、スペリングを確認できたりという機能もついているのですが、**その単語自体になじみがないのに覚えるのは難しい**のです。

経験上、単語帳を積極的にはお勧めしていませんが、**単語帳をどうしても使いたいかたには、動詞から並んでいるものをお勧め**しています。動詞のボキャブラリーを増やすと応用が利き、結果的に多くの単語を覚えやすいからです。また、一度に覚えるのは難しいので、

①単語帳を眺めて、「出会ったことがあるもの」にしるしをつける
②そのしるしがついているものと、その前後にある2つを覚える
③さらにその前後にあるものを覚える

このような要領で「ターゲット単語」を増やしていくやり方はいかがでしょうか？「知り合いの知り合い」とつながっていくほうが、なじみがあって覚えやすいものです。

とある英語学校では、ＴＯＥＦＬのクラスで毎週５００語近くを覚えさせると聞きましたが、これはあくまでも「あとがない」かた向けの勉強法であり、万人向けだとはとても思えません（ちなみにこのクラスに出たかたはＭＰ３プレイヤーに単語を録音してジムでエアロバイクを漕ぎながら覚えるのだとか）。ここまで無茶をしなくてもいいので、ボキャブラリーは賢く増やしていきましょう。

02 話せる人は、「知り合い」を増やす感覚で単語を覚える！

03 話せる人は I think が口癖、挫折する人は Yes. が口癖。

英語の授業をしていて、本当に気になることがあります。それは**「話し出しの言葉に時間をかけ過ぎる」かたが多い**こと。言いたいことを説明するのに、どうやって話し出すか、一生懸命考えているのですが、1分以上かかることもあります。この場合、私は教師という立場なのでお待ちしておりますが、「通常の会話では、とても待ってくれないだろうな」と思うこともしばしば。

ではどうしたらいいのか？　いい方法があります。意見を求められているのであれば、まずI thinkまたは、I don't thinkと話し出すこと。これを言えれば、聴いている人は「この人、これから何かを言おうとしているな」と受け取り、待っていてくれます。学校で習った通り、I thinkのあとにはthat節、つまり「誰か・何が、どうした・どうである」という話が続きます。この構造さえ間違わなければ、思っている以上に多くのことを話すこと

I think で話す癖をつける

（A） What are you going to do when you are in Hawaii ?
（ハワイでは何をする予定ですか？）

（B） × Shopping.
（C） ○ I think...I will buy some aroha shirts
（アロハシャツを買う…と思います）
（D） ○ I think...maybe I will go to Ala Moana Center.
（たぶん、アラモアナセンターに行く…と思います）

ができるのです。

例を挙げれば、休暇の話をしているとして、（A）に対する答えとして（B）と答えたとします。これだけだと少し投げやりな印象があり、「この人、私と話したくないのかな」と思われます。英会話学校の先生なら、Oh, what are you going to buy?（何を買うのですか？）などと親切に話を続けてくれますが、通常の会話であればこの「言い切り調」はあまりいい印象を与えません。

そこで、**I think とまず言ってしまう**。内容はこれを言ったあとに考えればいいのです。例を示すと（C）（D）というように使うことができます。Well, /Let me see,（えっと）などでも構いませんが、覚えるフレーズが増えると混乱するので、**追加して情報を伝えたいときにＩ think を使う**と覚えると便利です。

I don't think はもう少し注意が必要です。**I don't think は No の意思を伝えるものなので、はっきり、「早い時期に」言ってしまわなければなりません。**

たとえば、「このプロジェクト、もうストップしたほうがいいね。思った以上に時間も費用もかかるから」などと外国人の上司や同僚から言われたとします。これはあなたが心身ともに打ち込んできた大切なプロジェクト。とにかく、自分の意思を「打てば響く」素早さで伝えなければなりません。そこで、No, I don't think so（そうは思いません）と言ってしまいます。

このセリフはかなりインパクトがあります。ここでまず、聴き手の注意を引いてから、おもむろに「なぜならば～（because）」と理由を話し出せばよいのです。外国人は、「**あなたの意思がわからないから待てない**」ので、先に意思表明をしておけば、そのあとは多少は辛抱強く聴いてくれます。

それから、「**根拠をきちんと述べる**」ことも大切です。中学生のときに、Yes/No で答える疑問文を習ったと思います。be 動詞であればひっくり返すだけ（He is a student. → Is he a student?）、一般動詞のときには do/does/did などの言葉をつける（You study English. ↓Do you study English?）というものでしたね。この疑問文についても、Do you think ～？と聞かれたら Yes/No だけではなく、きちんと理由を伝える習慣をつけます。

これらを習慣化する練習として、英検準二級の面接問題が役立ちます。質問の四問目と五問目は、Do you think studying alone is better than studying in groups?（あなたは他の人と一緒に勉強するよりも1人で勉強するほうがいいと思いますか？）や、These days, many people enjoy playing online games. Do you like to play online games?（最近、多くの人々がオンラインゲームをやっています。あなたはオンラインゲームが好きですか？）などというもので、Yes/No いずれで答えても、理由を言わなければなりません。この練習を何度もしていると、I think/I don't think で話し出す習慣がつくので、ぜひ試してください。準二級の問題ができるようになったら、グレードアップした二級の問題に挑戦するといいです。

03 話せる人は、相手を「待たせる」すべを知っている！

04 話せる人はうなずかず、挫折する人はあいづちで共感する。

英語を話すとき、あなたはどこを見ていますか？

私の経験からですが、不思議なことに、多くのかたが斜め上を見ます。**普段日本語を話すときは、きちんと相手の目を見て話すかたも斜め上を見がち**です。そこに英語が書いてあるわけではないのですが（笑）、あれはネイティブから見るとかなり不思議だそうです。

どうしてそうなるかというと、次に何を言おうかと黙って考えている時間が気まずいので、相手の顔からつい目をそらしてしまうのではないでしょうか。いつだったか、レッスンの前に「レッスン中は目をそらして話していて申し訳ございません」と私に謝ってくださったかたすらいます。

目を見て話すのが難しければ、**目を10秒、そのあと相手のネクタイの結び目（女性なら首元）に目を移して10秒**とやるように、と聞いたことがあります。これはいい方法だとは思いますが、慣れないとなかなか難しい。ここでひとつ、コツをお伝えしましょう。話の途中に「うんうん」とうなずくのをやめるのです。

日本人はうなずきすぎると言われるくらいですので、あえて首を動かさないように意識します。そうすると自然と話し始めたときの状態のまま首を相手に向けて、じっと相手を見つめることとなります。話している間にあらぬ方向を眺めているくらいであれば、うなずくのをやめてしまったほうが得策です。目をそらすのは、他の同席者に発言を促すときや、別の話題を持ち出すときだけに制限したところ、「とたんに話がわかりやすくなった」とネイティブから言われた人がいたほどです。

このように、日本人が普通にやっているジェスチャーが、ネイティブの眼には奇異に映ることもあれば、ジェスチャーによって会話やプレゼンの質を高めることもできるのです。

日本の総理大臣としてははじめて米国上下両院での合同会議でスピーチを行った安倍首相の話はよく知られています。報道では、「発音がよくなかった」とか「イントネーションがおかしい」などの評もあったものの、実際にはスタンディングオベーションも一度ならず起こったとのこと。

この安倍首相のスピーチについて、専門家の分析を読んだことがあります。

その記事では、「物をつまむように親指と人差し指を重ね、その手を動かすしぐさ」をしきりに使っていたことについて言及していました。記事の著者である、スピーチストラテジスト岡本純子さんの解説によれば、あれはオバマ大統領がよくやるジェスチャーだそうで、要点やポイントなどを正確に示したいときに使われるそうです。

私はこの話を聞いて、一番大切だなと思ったのは、このジェスチャーに米国民は慣れていたということです。安倍首相は、彼らのリーダーである大統領がよく使うしぐさを取り入れることで、大統領に敬意を表すだけではなく、「私も（あなたがたがご存じの通り）リーダーですよ」といったメッセージを暗黙のうちに伝えることに成功したのではないでしょうか。

この、「物をつまむように親指と人差し指を重ねて、その手を動かすしぐさ」も使い勝手がよいですが、「そこまでできない」というかたには、「両手を広げて、体の前で手の平を相手に見せる」というシンプルなジェスチャーでもよいと思います。これは相手に対して、「隠しごとをしていませんよ」というアピールで、聴いている人を安心させるしぐさだそうです。

・東洋経済オンライン　2015年5月1日付　「歴史的演説！　首相を支えた10のプレゼン技術」より

04 話せる人は、むやみに首を縦に振らない！

05 話せる人は聴き上手でツッコミ上手、挫折する人は自分が話す番のことで頭がいっぱい。

私は、これまでいろいろな生徒さんにお目にかかってきました。文字通り老若男女、専業主婦から重役クラスのかたまでさまざまですが、共通していることがひとつあります。それは、**「初心者ほど、こちらの話を聴いていない」**ということです。どういうことかというと、初級者は英語を「話さなければ」という強迫観念があまりに強いため、自分が言おうとすることばかりで頭がいっぱいになってしまい、余裕がまったくないのです。この状態に陥ってしまうと、自分が「話そうとすること」は何とかこなすものの、「会話」になりません。こういうときには、「相手の話をよく聴いてください」と申し上げています。なぜなら、相手が言っていることに答えのヒントがあり、それを使わない手はないからです。

疑問文を例に考えてみましょう。（A）のパターンで聞かれるときは「自分のこと」が話題となっています。つまり「答えはＩ（私）で答える必要がある」と心の準備をして

疑問文はパターン分けすれば混乱しないで答えられる

（A）Are you, Do you, Will you... で聞かれるパターン
Are you a businessman? → Yes, I am.

（B）Do you, Will you, Can you... で聞かれるパターン
Do you live in Tokyo?
→ No, I don't. I live in Kanagawa.

（C）Does he (she) , Will he (she), Can he (she)... で聞かれるパターン
Does he live in Tokyo?
→ No, he doesn't. He lives in Kanagawa.

Yes か No かを判断して、答えればいいわけです。

また、（B）のパターンがきたら、冒頭にある単語をよく聴いておきます（わからなければ、Pardon? などと聞き返して構いません）。そして、質問が理解できたら Yes, I can. /No, I don't. など、「自分を示す I」と「冒頭に出てきた言葉（助動詞）」をつけて答えればよいのです。（C）は自分以外の誰かの話をしていて、その人が男性でありその人のことが話題になっているときです。その場合は、質問の中に入っている情報を繰り返して答えとします。

つまり、**相手が言っていることをよく聴いて、適切な答えをすればよい**のです。聴くべきところは主語（誰のことが話題になっているか）と

助動詞（do/does/did, can, will など。ないこともある）、動詞（be動詞か一般動詞か。一般動詞ならばどの動詞か）の３点です。ここさえ聴けていれば、返事ができます。

初心者のかたですと、疑問詞が難しいようです。Who, What, When, Where, How などを聴き取って、「相手が何を知りたいと思っているのか」をつかみます。相手の質問に答えないと会話になりません。

「何を当たり前のことを」と思われるかもしれません。しかし、これは**文字で読むといまさらなのですが、会話となると多くのかたができていない**ことなのです。

ここまでは疑問文のときの回答方法ですが、会話をしていると「疑問文でなくても答えるべきとき」が多くあります。

例を挙げると、休日の話をしているときに、I went to Yokohama yesterday. と相手が言ったとします。よく聴いていると、言い終わったところで相手が「ここは突っ込んでください」と合図よろしく一瞬間《ま》が空くことがあります。そのときに、きちんと聴いている人だと、Oh, did you? What did you do in Yokohama? や Where did you go in Yokohama? などと聞いてくれて、話が続いていきます。

これは実は、英語を持ち出すまでもなく、日本語の会話で普通に行われていることですね。「昨日は横浜に行ったんです」と言われたら、「あ、そうなの？ 横浜で何をしたんですか？」という流れになるのが普通です。英語のときには黙っていないとならないという法はありません。

このことを説明すると、「疑問文にしか返事をしないものだと思っていました」と驚く生徒さんが多いです。そんなことはありません。会話をしているのですから相手の話をきちんと聴いて、返してあげてください（相手も一方的に話し続けるのはしんどいのです）。この件、日本滞在歴が長いネイティブの先生が書かれた本にも指摘がありました。**多くの日本人は「あなたが話す番ですよ」と合図を送っても何も言ってくれないので、しかたなく自分が話し続けることになる**とのことです。

日本語ならできるけれど、英語だと難しいなんてことはありません。相手の話を落ち着いて聴いていれば大丈夫。皆さん、「自分が話す番になったとき」のことばかり心配し過ぎです。相手の言っていることにヒントがあるのだから、よく聴いてくださいね。

05 話せる人は、相手の話をよく聴いて絶妙なツッコミを入れる！

06 話せる人は音読を習慣にし、挫折する人は面倒と言う。

突然ですが、英語に限らずすべてのスキルには「王道」があるような気がします。先人たちが試行錯誤のうえ、「これは効果がある」「こうすれば改善する」と太鼓判を押してくれたやり方です。この「王道」はたいてい、そんなのアタリマエ！というくらいシンプルで、「えっ、こんなので効果があるの？」と思ってしまうものです。でもそれこそ「やれば効果が出るが、やらない人や続けられない人が多い」のです。前置きが長くなりましたが、**英語ができるようにならないと悩んでいるかた、音読してください。**悩んでいる間に読む。早ければ半年くらいでご自身の英語が変わってくるのに気づかれるでしょう。

〈音読のやり方〉

①文を選ぶ

ラジオ講座のテキストや目標としている試験の長文などから1文選びます。自分の実力より少し下、つまり読んでいて単語の8割くらいがわかり、苦労なく読めるものを選ぶことをお勧めします。

②スラッシュで区切る

眺めながら、「ここが意味の区切りだな」というところをスラッシュ（／）でどんどん区切っていきます。ご自身でやるときには、ちょっと切り過ぎかもというくらいでいいです。たとえば、People usually take a map / with them / when they visit / unfamiliar places.「人々はたいてい地図を持って行く・彼らと一緒に・彼らが訪れるとき・よく知らない土地を」というくらいまで細かくします。

③毎日音読する

この区切ったものを音読します。私が大学受験をするときには、高校の英語の先生から「1日最低30分は音読をやるように」と言われていました。30分できればそれに越したことはありませんが、時間が取れなければ15分くらいでも構いません。けれど「必ず毎日」やってください。高校時代の恩師いわく、この**音読は、漫然とやっても効果がない**そうで、できる限り「区切れのところで、日本語の意味を考えること」と言われました。ポイントは、文を最後まで読んでから意味を考えるのではなくて、切れているところまでで日本語を考えていくことです。つまり「人々は知らない土地に行くときたいてい地図を持って行く」ではなくて、「人々はたいてい地図を持って行く・彼らと一緒に……」というふうにやります。

④1週間、音読を続ける

この段階になると次にどの単語がくるかわかってきます。が、「わかってからあと少し」音読を続けましょう。この「あと少し」が大きな違いを生むので、飽きても続けてください。

⑤達成度をチェック

日本語訳がついている文であれば、それを見て英語を言えるかやってみます。全部できなくて構わないので、試してみてください。

この音読、あまりに単調でつらいので（笑）、続けられるかたは本当に限られています。つまり、**続けるだけで他の人と差をつける**ことができます。どうも大学受験生のように、

「必要に迫られている人」のほうが続けられるようで、私事ながら、高校３年生の８ヶ月間、毎日音読を続けた長女は、「英語の長文問題ならできる」という状態になり、当初志望していた大学よりも難易度の高い大学に合格しました。話すことも１年前より格段にラクになったとか。

最終目標として、「名演説やスピーチ、映画の長めのセリフ、または好きな物語の一節でこの音読をやって暗唱する」というのを設定するといいと思います。私が大学の英語研究会にいたときに、「暗唱コンテスト」があり、男子はケネディ大統領の就任演説、女子は、あしながおじさん」のジュディーがあしながおじさんに出す最後の手紙が課題として出されたのを覚えています。大変でしたが、30年経ったいまでも何となく覚えていますので(笑)、自分でも音読の効果は実感しています。題材はご自身が気に入ったものなら何でもよく、マーティン・ルーサー・キングJrの「I have a dream」、スティーブ・ジョブズの「スタンフォード大学卒業式辞」などもいいですね。

06 話せる人は、単調な作業の積み重ねで成果を出す！

07 話せる人はゆっくりと話し、挫折する人はペラペラ流暢。

「英語を話せる人」というと、どんな人を思い浮かべますか？　身振り手振りが大きく、声も大きく表情が豊かで、「ペラペラ」話す人…でしょうか。生徒さんに聞いたところ「英会話教室の広告に出てくるような人」とおっしゃったかたもいますが、あんなイメージなのでしょうね。

けれど、「ペラペラ」話している（とされる）かたの英語をよく聴いてみてください。Oh, really?（本当に？）やら、You know.（あのね）やら、Yeah!（そうだよね！）などが多いことがありませんか？　それ以外は単語の羅列、ということも少なくありません。

英語ができるかたというのは、必ずしも大声で早口というわけではありません。それより、日本語で話しているときと同様に、丁寧におだやかに話すことが多いのではと思います。むしろ**英語となるとたんに態度が変わる人というのは信用できない印象**を与えます。

英語と日本語で仕事をこなせるプロフェッショナルの事務職を認定する国際秘書検定では、二次試験で「日英両語による面接」があります。私は、はじめて受験した際に、この「面接」を落としました。いまから20年以上前のことです。

当時は、希望する受験者には試験主催母体が合否発表後に個人カウンセリングをしてくれていたので、講評を受けたところ、面接担当のネイティブの先生から「あまりに緊張していて受け答えが不自然だった。もっと落ち着いて堂々と話せるように」というアドバイスをいただきました。試験だから、英語だから、少しでも「うまく」見せたい、というのがバレバレだったわけです（笑）。

ちなみに、この面接試験では、「英語から日本語、また日本語から英語へと使用言語が変わっても、態度を変えず、声の大小やトーン、話すテンポが極端に変わらないこと」が合格の条件のひとつだと聞いたことがあります。日本語では折り目正しく話していても、英語になったとたん別人のようにチャラチャラとした話し方をするのではダメということですね。

また、米国秘書検定試験を受けようと思ったときのこと。試験の申し込み方法についていくつか質問事項があり、アメリカの試験主催団体に国際電話で問い合わせをしたとき、電話の向こうの相手から「ええと、もう少しゆっくり、はじめからもう1回話して」と言われてショックを受けたこともあります。ネイティブと話すのだから、と気負い過ぎていたということです。

これらの教訓から、「英語＝ペラペラと早口で話すもの」という認識を改めました。私は**「話すときには余計な言葉をはさまず、相手に伝わるように、ゆっくりでいいから丁寧に」**を心がけるべきだと考えています。

日本を代表する経営者と言われる故盛田昭夫氏、孫正義氏なども、必ずしも流暢な英語をお話しになったわけではないようです。それでも国内外であれだけのすばらしい実績を挙げてこられています。

以前私が勤務していた外資系企業でも、当時のトップは留学経験がないかたでした。そのかたの部下は米国の有名な大学や大学院で学位を取って帰って来た人ばかりです。そんな中、そのかたは英語が必ずしも上手というわけではなくても、本社の役員や海外のクライアントを相手に論理的に筋道立てて説明をし、説得することでいくつもの難題を解決し、プロジェクトを成功に導いておられました。

英会話学校などで「話す」ことのみに主眼を置いてしまうと、「とにかく何でもいいから話しさえすればよい」という気持ちになりがちです。英語は「ファッション」ではありません。コミュニケーションの道具であり、相手に自分の伝えたいことをわかってもらうためのツールです。ゆっくりでも構いませんから、堂々と言葉を選びながら話していくようにしましょう。

07 話せる人は、英語を丁寧に扱う！

08

話せる人は礼儀正しく話し、挫折する人は通じれば十分と思っている。

生徒さんで「英語の一番いいところは敬語がないところ」と本気で言っていたかたがいました。日本語の敬語は本当に難しいですから、そのお気持ちはよくわかります。ですが、残念ながら、**英語にも敬語に近い「丁寧な言い方」は存在します**。

まず、面白いことに、日本語でも英語でも、**回りくどい言い方、そして「疑問文形式」のほうが丁寧度合が高い**とされています。「～してください」よりも「～してくださいませんか」が丁寧です。左の図の英文を見てください。これまで Please～で話してきたことを Could you～にするだけで丁寧度がぐんとアップします。そして Could you～ からはじめて、文末もしくは文中に please をつけるともっと丁寧な印象になります。

「あれ？ Would you～と習ったけれど」と思ったかた、大丈夫です。Would you ～と

回りくどい言い方で丁寧度UP！

（A）何かしてほしいとき

Please do it. → Could you please do it?

（B）もっとゆっくり話してほしいとき

Please speak slowly. → Could you speak slowly?
→ Could you speak slowly, please?

（C）もう一度言ってほしいとき

Please say that again. → Could you say that again?
→ Could you say that again, please?

Could you ～の違いは厳密に言えばありますが（would は相手に「する意志があるかどうか」尋ねる、could は相手に「できますか」と可能性を聞いている）、現在ではどちらでもほぼ違いはないと言われています。ただ、見てきた限りでは Could you ～と言うかたが多いようなので、ここでは「ひとつ覚えるとすれば」という観点から Could you～でいきましょう。

では、よく使ってしまいがちな言い方で「避けたほうがいい」表現にはどのようなものがあるでしょうか。よく日本人が使ってしまいがちな「失礼な言い方」を「丁寧な言い方」に直して見ましょう。

「失礼な言い方」を丁寧な英語に

（A）（電話口で）Who are you?

→（B） May I ask who is calling?

（当初の予定が遅れてきたので）

（C）You had better change the schedule.

→（D）I am afraid you have to change the schedule.

（道を聞かれたがわからないので）

（E）I don't know.→（F）I am afraid I don't know.

上の図の（A）は「あんた誰？」になってしまうので、ビジネスでは使いません。英語も日本語と同じで、悪いニュースを伝えるときには「恐れ入りますが」「あいにくですが」などの〝クッション言葉〟が入ります。「どちらさまですか？」は決まり文句である（B）の（恐れ入りますが、どなたが電話をかけておいでですか？＝どちらさまですか？）と覚えてしまえば事足ります。

（C）の You had better は中学校で「〜するほうがよい」と習いますが、これは目上から目下に「命令」する言い方であるため、避けるべきです。（E）は言い切った形なので「取りつく島もない」印象を受けます。それぞれ丁寧な表現に言い換えているので確認してください。

また、（D）と（F）に I am afraid が使われて

いますが、これによって「残念ながら」「あいにくですが」の意味合いが加わります。（D）を見ると、I am afraid 以下が若干、（C）の英文から変わっていますが、これはまず日本語で考えるとわかりやすいです。つまり、I am afraid（あいにくだけれど）のあと、文意をそのままに自然な日本語にするとしたら、「計画を『変えないとならない』ですね」ではないでしょうか。そこで、（D）は I am afraid you have to change the schedule. としています（他にも表現はありますが、ここでは例としてひとつ挙げています）。

もうひとつ、「～しないでください」の丁寧語にあたる便利な表現をご紹介します。JR東日本では「携帯電話での通話はご遠慮ください」に当たる車内アナウンスを Please refrain from talking on the phone. としています。この refrain from ～ing は「～をお控えください」という丁寧な言い方で、覚えておくと便利です。たとえば、Please refrain from smoking.（禁煙です＝おタバコはお控えください）など応用範囲が広いお役立ちフレーズです。

08 話せる人は、英語でも好感度を上げる！

09 話せる人は助動詞を使いこなし、挫折する人は気にせず漫然と話す。

英語の特徴のひとつとして、助動詞が大きな役割を果たすことが挙げられます。皆さん、「助動詞」はもちろん、学校で習ったと思いますが、では「助動詞とは何ですか？ 説明してください」と言われたら、どのように説明なさいますか？

「えーと、can とか should とか…」と思ったかた。はい、正解です。ではそれらがどのような役割を果たすのか、考えたことはありますか？

助動詞とは読んで字のごとく、**動詞を「助ける」**ために、動詞の直前にくっついて意味を広げたり、微妙なニュアンスや気持ち、心情などを表したりするものです。もともと英語の動詞は「eat= 食べる」「drink= 飲む」「study= 勉強する」のように〝言い切り〟の意味しかありません。日本語のように「食べない、食べます、食べるとき、食べれば」といった動詞活用をしないということです。

使いこなせば会話力が格段に上がる助動詞	
can	〜することができる
will	〜だろう
should	〜すべき
may	〜かもしれない／〜してもよい
do/does/did	一般動詞の疑問文や否定文を作るための助動詞

そこで助動詞の出番。助動詞は動詞の世界を鮮やかに彩ってくれるスパイスで、英語でのコミュニケーションで重要な役割を果たすものです。

よく使われる助動詞とそれらの代表的な意味を図にまとめたので確認しておいてください。ここに挙げた助動詞にはもっと多くの意味がありますし、他にも助動詞は多くありますが、まずは上の助動詞を英会話やメールなどで自在に使えるようになると、格段にわかりやすい英語になります。

生徒さんを見ていると、中級者以上のかたが書かれた英語はなぜか読みやすい。使ってある単語はそれほど高度なものではなくても、意味がわかりやすく、何を言いたいのかがつかみやすいのです。その大きな理由として、「助動詞を適切に使っている」ということが挙げられます。たとえば、初心者のかたは I think I go to England.（英国に行くと思います）というような英語を使いがちです。これは文法的に間違ってはいませんが、そのかたが「本当に」言いたいことが伝わってこないので、レスポンスに困るのですね。

これがI think I will go to England.（英国に行く予定です）であれば、あっ、英国に近く行かれるんだなということで、Oh, what will you do there?（何をする予定ですか？）と聞くことができます。

I think I can go to England.（英国へ行くことができると思います）であれば、Can you? I am happy to hear that!（本当ですか！　よかったですね！）と喜びを分かち合うことができます。I think I should go to England.（英国へ行かなければならないと思います）であれば、Should you? Is it a business trip? It must be tough!（ご出張かな？　大変ですね）などとなるわけです。**助動詞が入ると途端に英語がイキイキとして、コミュニケーションが活発になってきます**ね。

ちなみに、私は小学生や中学生に助動詞について説明するときには、「canというのは～することができる、つまり『私は英語を話すことができる』『あなたは刺身を食べることができる』というようなことを言いたいときに使います」と話すようにしており、「私は英語を話せる」「あなたは刺身を食べられる」とは言わないようにしています。このように、**助動詞と動詞を分けて考え、話す癖をつけたほうが後々、英語で書いたり話したりするときに思い出しやすくなる**からです。

初級者のかたは、「『彼は刺身を食べられる』と言いたいけれど…『～られる』ってどう言うんだっけ」と考えてしまうことが多いようで、「ええと、『食べられる』はどういうふうに言えばいいんでしたっけ?」と聞かれることがままあります。「『～することができる』はcanですよ」と申し上げると、「ああそうだった」と思い出す…という場面に多く遭遇します。

助動詞に注目し、活用することができるかたは少ない単語数でも多くのこと（情報）を伝えることができていますよ！ そのことに着目し、数ある文法項目の中で助動詞を優先することが、スピーキング力アップの近道となります。

09 話せる人は、助動詞でニュアンスを伝える！

10 話せる人は日本語でも話し上手、挫折する人は日本語でもとりとめない。

生徒さんの中で「『あなたの話は長すぎてわからない』と相手によく言われます」というかたがいらっしゃいます。また、「話していて自分で何を言いたいのかわからなくなる」というかたも。ここだけの話ですが、こういうかたのお話は、英語ではなくて日本語で聞いていていても途中でこちらもわからなくなることが多いのです…。

なぜ相手に話をわかってもらえないのか。結論から言うと、「話が長いから」ではないのです。こちらが質問していることと違うことを答えている、もしくは、こちらが期待している答えと違うものがかえってくるので戸惑うのです。たとえば、「起こった事象」についていて聞いているのに自分の感想を話す（英語で言えばI thinkで答えが始まっている）、話の流れからして当然こうなるだろう、と思われることと違うことを言う（ご主人が4ヵ国語を話せる、というので次は当然、「○○語と x x 語と…という話かな」と思ったら、もうまったく違うことを話し出す）などです。

「自分の話し方にはこういう傾向があるな」という自覚のあるかたは、普段**日本語で話すときも、話の組み立ての練習**をしてください。これが英「会話」の基本ですから。相手に「?.?.」という顔をされたら、「ごめん、私のいまの話、どこがわからなかった?」と聞いてみるのも手です。聞くは一時の恥…です。

数ある英語の試験の中で私が英検をお勧めするのは、二次試験の面接で、「あなたは〜と思いますか」と問いかけられて答えないとならない問題があるからです。自分1人でスピーチするのではなく、相手の質問に対する答えにならないと会話になりません。コミュニケーションの練習のいい機会です。

答え方としては、まず事実を言います。そのあとに「なぜ私がそう考えるか」の理由を説明していきます。理由をつけにくい質問（How 〜? で聴かれた場合―How do you spend your free time? 空いている時間は何をしていますか?）であれば、ご自身の体験を話しても結構です。

質問に正確に答えられるかチェック

Many Japanese people travel to foreign countries every year. Do you think this is a good way to learn about different cultures?

（毎年、多くの日本人が外国へ旅行しています。これは異文化を学ぶのにいい方法だと思いますか？）

× Yes. I think people can speak English better if they go to foreign countries.（はい。海外に行けば、英語が上手になると思います）

○ Yes. I think people can see and experience different cultures and lives directly if they go to foreign countries.

（はい。他国の人の暮らしを実際に自分の眼で見て、体験することができると思います。）

練習法としては、**まず日本語でやってみる**のがお勧めです。上の英文は英検二級の面接問題です。この質問の意味を正確に理解することが最初の課題です。「毎年、多くの日本人が外国へ旅行しています。これは異文化を学ぶのにいい方法だと思いますか？」…さあ、ここで聞かれていることは何でしょうか？

×の例は「海外に行けば、英語が上手になるから」と答えており、質問の意図を取り違えていますね。質問は、「海外に行くことは、異文化を学ぶためのいい方法だと思うか」であり、「海外に行くことは、英語上達のためのいい方法だと思うか」ではありません。もちろん、「語学」も異文化のひとつではありますが、ここではもう少し広い意味での「文化」について聞いていますから、質問に対する答えにはなっていません。この質問に対して○のように答えれば、質問との整合性が取れています。

これは何度も練習するのが一番です。家族や友人に日本語で質問してもらい、**質問の意図に合った答えが日本語でできるようになってから、英語での練習をすると効果的**なのでぜひ試してください。

あと、注意すべきなのは「話しグセ」です。これは、自分が話しているのを録音して聞いてみるといいです。英語で言えば、You know や As you know がやたらと多いかた、クセだと思うかたは意識して取り除くように心がけましょう。

10 話せる人は、日英両方コミュニケーション上手！

11 話せる人は中国語を学び、挫折する人は英会話カフェに行く。

「日本人はインプットの勉強が多くてアウトプットが少ないから、もっとアウトプットの機会を持とう、アウトプットをしよう！」などとよく言われますね。

私自身は、スピーキングは捨てていいからまずは「インプットの勉強」をしましょうという立場ですが、**きちんとインプットをしてきたかたの「次段階」として、スピーキング練習をすることには大賛成**です。この場合、いままで勉強したことを口頭で表現する「回路」をつなぎさえすればいいので、目を見張るほど速く上達します。

ところで、日本で英語を話す練習をしようと思ったら「スクールに行く」以外には「英会話グループを作る」「英会話カフェに行く」などが選択肢として挙げられると思います。英会話グループに入るのは何となくハードルが高いと思うかたも英会話カフェなら「スクールより安いし、カフェに外国人がいて、自由に話せるんですよね」と何となく気軽に行ける印象かもしれません。ただ、そこに落とし穴があります。

実は以前、後学のために「英会話カフェ」なるものを見学に行ったことがあるのですが、残念ながらお勧めできるものではありませんでした。会員制で、会費を払ってフリードリング制のフリートークをし、もう少し突っ込んだ「英会話レッスン」を受けたければ別途料金を払う…といった具合。もちろん、優れた運営をしているカフェもあるとは思いますが、英会話学校の「フリートーク」とそう変わらないのに、先生の質はスクールより落ちるであろう英会話カフェがある以上、お勧めするのは少しはばかられます。

そこで、「そろそろ話す練習の段階」というかたにぜひお勧めしたい方法があります。それが、「**英語で第二外国語を学ぶ**」。この場合、「英語を母国語とする講師に、英語を学ぶ」よりも「英語以外の外国語を母国語とする講師に、英語で講師の母国語を学ぶ」のほうがお勧めです。講師にとっても英語は外国語ですので、丁寧にゆっくり、話してくれますから。何語を学ぶか選ぶ際は、大学時代に「第二外国語」で勉強した言語や海外旅行によく行く国の言語など、若干でも予備知識がある言語のほうがいいかもしれません。

もちろん対面レッスンでもよいですが、日本在住の外国人講師は日本語をカタコトでも理解してしまったりしますので（笑）、ここはひとつ、スカイプで海外在住の外国人講師から習う、というのにチャレンジしてみたらいかがでしょうか？　海外旅行よりも安く、英語環境を体験できるこの方法は本当にお勧めです。

Verbalplanet（http://www.verbalplanet.com/）のような講師紹介サイトを使うと、いろいろな先生のプロフィールを見ることができます。たとえば、「母国語がフランス語で、英語も堪能な先生」というような検索がかけられますので、じっくり探してみてください。

この先生がよさそうかな、と思ったら無料体験レッスンに遠慮なく申し込んで（無料体験をやらない先生もいます）、話してみるといいです。最も重要なチェックポイントは「先生が話す英語を理解できるか」です。お互いの共通言語が英語になるので、ここは外せません。日本人の学習者は耳が肥えていますから、少し話すと「この人の英語は上手か下手か」がわかると思います。あとは、先生の授業の進め方、教材はあるのか（ご自身で教材を作成しているかたが多い）、授業料の支払い方法（個人の先生だとペイパル送金が一般的）

などを確認してください。

私は2年前に、アメリカ在住のドイツ人の先生からドイツ語を習い始めました。努力不足でなかなか上達しないのですが、先生は人格のみならず教える技術にも優れ、英語も本当に上手で、プロフェッショナルとして大尊敬しています。

いまの先生にめぐり合えるまでにいろいろな失敗がありまして（笑）、時間になっても連絡がつかない先生や、通信環境が悪くてスカイプがつながらない先生、またいかにも「他人にメールを打ちながら授業しています」というのがこちらに伝わってくるような先生もいました。いまになってみれば、これもまた、「貴重な異文化体験だったのかも」と思います。

11 話せる人は、自らのコンフォートゾーンを出て学ぶ！

12 話せる人は「数字」に強く、挫折する人はいきなり交渉英語を学ぶ。

「ビジネスで英語を使いたい」かた向けの人気講座は多いですが、三大人気トピックは「電話英語、プレゼン英語、交渉英語」ではないかと思います。これらの講座を開講するとたいてい受講生が集まると聞きますし、書店で「ビジネス英語」コーナーに行くとこの三分野に関する本が多く目につきます。しかしながら、実際に私の生徒さんに聞いてみると、**「ビジネス英語でまずやっておかないとならないこと」不動のナンバーワンは「数字」**です。数字の読み方、数字の言い方がとにかく難しいし苦手というかたが大半です。原因のひとつは、数字の桁区切りが日本語と英語で違うことです。日本語と英語を対比させて書きますね（左表参照）。

おわかりでしょうか。**英語は「千」までは日本語と同じですが、それ以降は「ゼロ3つごとに単位が変わる」という法則**があります。つまり、英語に「万」という単位がないことと、「百」までいったら次の単位にいくために、万単位以降が日本語とずれているのです。

1	一	one
10	十	ten
100	百	hundred
1,000	千	thousand　末尾数字３桁
10,000	一万	10 thousand
100,000	十万	100 thousand
1,000,000	百万	million　末尾数字６桁
10,000,000	千万	10 million
100,000,000	一億	100 million
1,000,000,000	十億	billion　末尾数字９桁
10,000,000,000	百億	10 billion
100,000,000,000	千億	100 billion
1,000,000,000,000	一兆	trillion　末尾数字12桁

このことによっておこる悲劇はたくさんあります。たとえば、日本語でポピュラーな「十万」という単位は one hundred thousand という長ったらしい言い方になります。「百万はミリオンセラーのミリオンだよね」とほっとしたのもつかの間、なじみ深い「一億」は one hundred million です。

余談ながら、逐次通訳者がこの one hundred million から始まる数字を一桁訳し間違えたのを聞いたことがあります。英語の数字は日本人にとって鬼門と言ってよいでしょう。それでは、「学習者の敵＝数字」を攻略すればよいか？　いい方法を紹介します。

〈英語の鬼門　数字に強くなる方法〉

＊ここでは練習のため、6桁までの数字を使って説明しています。

①誰かに日本語で「4桁以上の数字」（千以上の数字）を読み上げてもらい英語で書き取る

20個ほどランダムに読み上げてもらいます。このとき必ず「読み上げられたはしから、末尾3桁になるようにコンマを打ちながら書き取る」ことを心がけてください。

②書き取った数字の「前半分」を英語で音読

コンマのところに斜め線を引き、その線までを読みます。たとえば253,460であれば3と4の間に線を引き、two hundred fifty threeです。

③「後ろ半分」を英語で音読

英語の鬼門　数字に強くなる方法

①書き取り（20個ほど）

253,460、540,980…（末尾3桁でコンマを打つ）

②「前半分」を英語で音読

253,460 → 253 ／ ,460→two hundred fifty three

③「後ろ半分」を英語で音読

253,460 → 253 ／ ,460 → four hundred sixty

④「前半分」と「後ろ半分」をくっつけて音読

253,460

→two hundred fifty three thousand four hundred sixty

253,460なら four hundred sixty です。終わったら始めに戻り、つっかえずに読めるようになるまで②と③を繰り返します。

④「前半分」と「後ろ半分」をくっつけてすべて音読

注意することは、前半分が終わったところで単位がつくこと。253,460なら two hundred fifty three まで読んで、区切りのあとをみると「末尾数字が3桁」残っています。数字3桁＝1，000＝thousand であることを思い出し、すかさず thousand をつけ、後ろ半分を練習した通り読めば正解です。

この練習の狙いは、「コンマごとに理解する」ことと英語での「数字のまとまり感覚」を身につけることです。しばらくやらないとすぐにできなくなるので繰り返しやってください。数字が特に苦手なかたは25や78など2桁から始めて、そのあとに3桁、4桁…と増やしていくとよいでしょう。**ビジネスで数字を間違うのは致命的なミス**です。日頃から意識して数字を「音読する」ようにしましょう。

12 話せる人は、数字の怖さを知っている！

第2章

リスニング 編

13 話せる人はスルメを噛みしめるように英語を聴き、挫折する人は英語のシャワーをあびる。

「英語をやりたい」というかたに「『読む・聴く・話す・書く』のうち、どの分野を一番伸ばしたいと思いますか?」と伺うと、「話す」が最も多数派で、次点が「聴く」になることが多いです。海外から電話がかかってきてしまうので、「話す」ことより「聴く」ことが火急に必要というかたもおいでです。

口頭でのコミュニケーションを考えてみると、言いっ放しで済むような状況というのはあまりなく、ビジネスでも旅行でも相手が何を言っているかがわからなければ問題解決しない、という状況が普通でしょう。そう考えてみると、**リスニングというのは話すこと以上に普段から鍛えておかないとならない力**だと言えそうです。

幸いなことに、現在ではリスニング練習用の材料は掃いて捨てるほどあります。移動中でもできる、「聴くだけで英語がわかるようになる」教材は何種類も出ていますし、You

Tube で動画も簡単に観られる時代となりました。しかし、「教材の数は増えていますが、リスニングに悩む人の数は相変わらず。むしろ増えているのでは」と私は見ています。

そういうかたにはよくないお知らせかもしれません。**「聴いていればできるようになる」「1000時間聴けばわかるようになる」ということはありません。英語の音に慣れることはできますが、「わかる」ようにはならない**ということです。

リスニングは「聴いて内容を理解する」という作業です。音としてわかっても、それは「聴けて」いるだけですからリスニングではありません。私は自分で「聴き流し教材」をやってみたことがあるので、残念ながら断言しなければなりませんが（笑）、教材のレベルも宣伝されているより相当高く、英語入門者に役立つ内容とは言えません。

ではどうすればいいのか。まずは、リスニングの勉強法について、それから教材選びの話をしたいと思います。

リスニングは「シャワーではなくスルメ」だと思ってください。さらさらと聴き流し、「なんだかよくわからないけれど、今日も聴いてみた」ではなく、**「何度も何度も、あきら**

めずに同じものを噛みしめていく」ものです。生徒さんの中には、リスニングというと「どうせわからないから」と言って勉強しようとしないかたも多いです。「何を言っているのかわかるようになるわけがない」と。

決してそんなことはありません。落ち着いて考えてみると、リスニングとは「音声として流れてくる英語を理解する」作業のため、すでに**自分が知っている単語と音を結びつける作業ができるようになればいい**わけです。具体的なやり方は「話せる人はじっと座って50回聴き、挫折する人は電車で〝ながらリスニング〟。」をご覧いただくとして、まずは「決してあきらめない」姿勢でいきましょう。

この、「あきらめない姿勢」を養ううえでお勧めの教材があります。アプリのTEDICTです。これは、TEDという「世界で一番有名な講演会団体」で行われている英語のスピーチを使って、英語学習をしようというソフトです。無料で使えます（有料版もあり）。

このアプリは、TEDのスピーチをただ聴くだけではなく、ディクテーションもできるようになっているもので（全文ディクテーションをするTEDICTはかなりしんどいので、単語単位になっているTEDICTisyがお勧め）、それこそ何度も何度も英文を聴いて、単語を並び替えていかないと先にいけません。すばらしいことに、並び替えのディクテーションが完成するまで何度でも音声が流れるため、納得いくまで音声を聴き、そこにある単語をにらみながら試行錯誤して組み換え、ついに正解したときには「ああ、こういうふうに言っているのか」とすっきりするという具合です。

この教材を使うと、自分で腑に落ちるまで音声と単語を比較し、文章を作ることができるので、「リスニング力は同じものを何度でも噛みしめるスルメのような作業を経て向上していくもの」と実感できるのではないかと思います。

TEDICTはかなり〝歯ごたえ〟があるので、スピーチを選ぶときには「できるだけ短いもの」、そしてオンラインで聴いてみて「ゆっくり話しているスピーカー」を選ぶのがコツです。やれば力がつくことは確実なので、ぜひトライしてみてください。

13 話せる人は、粘り強く〝噛み〟続ける！

14 話せる人は海外ニュースを聴き、挫折する人は洋画を観る。

英語を勉強しているかたに、「いま、具体的にどんな勉強をしていますか」と伺うと、「海外の映画やドラマを観るようにしています」という答えが返ってくることがあります。最近はスマホやコンピューターで気軽に映画やドラマが観られるようになったこともあるからでしょう。「たまに知っている言葉に出会うと楽しい」というかたも多く、「字幕なしで観られるようになりたい。どうしたらいいでしょうか」と聞かれます…。私もその方法が知りたいです！

娯楽として映画やドラマに触れるのは構いませんが、**映画やドラマを字幕なしで観るための英語力というのは、通常の英語力と少し違います**。リスニング力や単語力もさることながら、そのストーリーの文化的背景や習慣などがわからないと、観てもピンとこないことが多いからです。映画台本『スクリーンプレイ』では、作中で使われている言葉を説明してくれていますが、これを読むと「あー、これはわからないな」「なるほどねー」と思うことが多いです。

例を挙げましょう。アメリカ映画『ワーキング・ガール』の台本で、ハリソン・フォードふんするビジネスマンが、「どういう結論が出るか、待っているところさ」というくだりの原文が、We are all waiting to see what color smoke comes out of the chimney.（どんな色の煙が煙突から出てくるか待っているところだ）となっています。なぜこれが「結論を待っている」になるのか、わからない！（笑）。これは実は、バチカンで次期法王を選出する「コンクラーベ」の儀式で、煙突から出る煙の色で次期法王が決定したか否かを外部に知らせるというしきたりのことを知らないとわかりません。

このように、**映画やドラマは英語以外のことで悩んでしまうことが多いため、英語自体を学習するという観点からはあまりお勧めできません**。もちろん楽しみのため、そして英語の雰囲気に慣れるために観ることは大いにお勧めします。個人的な好みでいえば、いまや古典ともいえる『バック・トゥ・ザ・フューチャー』3部作。マイケル・J・フォックスやクリストファー・ロイドの発音がわかりやすく（早口ですが、はっきり発音していて聴きやすい！）、ストーリーも本当に面白くて多くのかたにお勧めしています。

「英語の勉強により役立つもの」という点でいえば、ニュースをお勧めします。報道という目的から、実際に起こっている出来事をできるだけ多くの人に理解してもらえるようわかりやすく話していること、そして**現代社会に必要な単語が多く、実務上も役に立つ**ためです。

英語ニュースも、ネットで簡単に観られるようになりました。お勧めはトランスクリプト（書き起こし文）があるニュースです。「話せる人はスルメを噛みしめるように英語を聴き、挫折する人は英語のシャワーをあびる。」で書いた通り、「わからないものは、何度聴いてもわからない」からです。

まずは「ABCニュースシャワー」http://www.nhk.or.jp/kokusaihoudou/abc/index.htmlがお勧めです。毎回5分間の動画は英語字幕つき・日本語字幕つき・字幕なしのパターンがあり、キーワードの説明がついています。さらに、字幕対訳まであるという充実ぶり。

まずは字幕を観ながら一緒に話してみて、最後に何も観ずに音声と一緒に話す、というシャドウイング練習をするのにもぴったりです。

これよりも少しハードルが上がりますが、私の個人的なお勧めはCNN Student News です。これは、アメリカの高校生向けニュースとして評価が高く、毎日10分間で最新ニュースを観ることができます。ＮＨＫがやっているサイト（http://www.nhk.or.jp/kokusaihoudou/cnn/index.html）では英語字幕が出て、日本語音声をかぶせたものしか見られませんが、「英語版はＣＮＮサイトで」をクリックすると、英語の音声を聴くことができ、トランスクリプトも見ることができます（ウェブページ中ほどのTRANSCRIPTと書いてあるところをクリックすれば出てくる）。トランスクリプトを「新しいタブ」で開くと動画を観ながら書き起こし文を追うことができるので、シャドウイングもできます。何よりも、アンカーのカール・アズース氏の歯切れよく聴きやすい声が英語学習にもぴったりです！

14 話せる人は、毎日の英語ニュースを習慣にする！

15 話せる人はじっと座って50回聴き、挫折する人は電車で〝ながらリスニング〟。

「TOEICのリスニングで点数を上げたいのですが、どうしたらよいでしょうか」というご質問をよくいただきます。最近ではTOEICでそれなりの点数を出さないと就職や昇進で不利になる場合もあるため、この要望は切実です。それだけではなく、仕事で英語を聴かないとならないかたも「話すのは準備すれば何とかなりますが、聴くのがちょっと…」ということが多い。これは英語を母国語としない人間にとっては大きな問題と言えます。

これからお話しすることは、皆さんが何回も聞いたことがあるのは承知しています。けれども「やりさえすれば」甚大な効果が得られる王道ですので、あえて再度、再々度申し上げます。

〈リスニング力を上げる方法〉

①書き起こし文がついている英文を準備

あまり長くないもの（時間にして1分くらいのものがよい）、「やさしすぎるかな」と思えるものを選びます。それを「毎日・座って・少なくとも50回」練習していきます。

②テキストを見ないで音だけ聴く

「何を言っているのかな」という状態でもいいので、「ひとつでも知っている単語を見つける」のを目標にしてください。その次に、テキストを見ながら音声を聴きます。その段階で、知らない単語にしるしをつけ、意味を調べておきます。３回目に聴くときには、その「知らない単語」の音を確認しておきます。

③テキストを見ながら音声と一緒に話す（オーバーラッピング）

コツは、イヤフォンを片耳だけ着けること。自分が発声している声も聴こえないと練習しにくいためです。

④シャドウイングする

テキストを見ずに、音声を聴きながら一緒に（正確には『一瞬遅れて』）話していきます。**「シャドウイング」をやったことがないかたは、まず日本語でやってみて**ください。テレビなどのニュース番組を聴きながら、そのまま追いかけて話していく練習です。試しに日本語でやっても案外難しいのに気づかれるでしょう。

シャドウイングは集中力を必要とする練習です。他のことをしながらではできないので、「座って」1日10分で構わないので集中してやってください。これを5日間も続ければ、スラスラできるようになると思います。

最後までシャドウイングできるようになったらそのテキストは卒業です。その頃には暗唱すらできるようになっているでしょうから、家族や友人に聴いてもらってもいいですね。

「座って50回、同じものを聴く（話す）」ということの作業をやっていくと、だんだん「次にどんな単語がくるか」という話の展開がわかってきます。英語の構造が「心身に染み込んでいく」感覚です。これだけやると、「次に何（どんな単語）がくるはず」と予測しながら聴くことができるようになってきます。

これをやり込めば、効果は絶大です。忙しければ1日10分でいいのです。「話せる人はスルメを噛みしめるように英語を聴き、挫折する人は英語のシャワーをあびる。」でも触れましたが、「英語のシャワーを浴びればいつの間にかわかるようになる」と思い込んで通勤時間に「聴き流し音声」を聴いても、寝てしまうだけです。これをやるくらいなら、

10分で構いませんから、きちんと英語の音声に向き合ってください。
スタート教材としてお勧めするのは、ＮＨＫの「基礎英語３」（２０１５年現在）のレベルです。中学3年生の内容だそうですが、シャドウィングしようとすると案外難しいです。これができるようになったら、「ビジネス英語」やご自身で選んだテキストに進むのがいいと思いますが、あくまでもあまり長くないもの、最長でも1分以内に収まるもので練習してください。

この練習を続けると、試験本番でも「無音で」シャドウイングできるようになります。ＴＯＥＩＣでは45分間〝話し〟続けていることになるわけで、かなり大変ですが、効果に驚かれると思います。

15 話せる人は、リスニングで英語に食らいつく！

16 話せる人は発音の本を読み、挫折する人はネイティブ講師に飛びつく。

リスニングに悩むかた、多いですよね。TOEICでリスニングのスコアが安定せず、「いっそリスニングのためだけにネイティブの個人授業を頼もうかと思っています…」とおっしゃるかたもいます。「なるほど、それでどんな授業をお考えですか」と伺うと、「オンライン英会話で毎日英語講師と話そうかと思います」とのこと。いくら「1日分の授業料がコーヒー1杯分」だからといって（笑）、それはちょっと時間がもったいないし、まとめて払う授業料ももったいない。

少し話がそれますが、**外国語を習う際には共通言語を持つ先生を探すことを強くお勧めします**。これはいくらお勧めしてもし足りないほど、大切なことです。文法事項にしても発音の仕方にしても、まったく新しい概念を非母国語で習うのは難しいことです。それに、母国語である日本語との「違い」を教えてもらうことで習得が早くなりますから、（『日本語ではこうですが、英語ではこうです』と教えてもらったほうがわかりやすい）できる限り**バイリンガル講師に習ったほうがムリ・ムダがない**のではないかと思います。

話を元に戻しまして、ネイティブ講師に習いに行く前に、**英語の発音について、母国語である日本語で概要をつかむことをお勧めします**。「やりたいのは発音じゃなくて、リスニングなんですけど」という声が聞こえてきそうですが、何度も申し上げている通り、わからないことをいくら聞いてもわかるようにはなりません。音も同じことで、「英語の音」がわからないまま、英語のシャワーを浴びても、よくて英語の「雰囲気」がつかめるようになるだけ。

英語の発音に関する本はたくさん出ています。ここでは、『バンクーバー発音の鬼が日本人のためにまとめたネイティブ発音のコツ33』（リチャード川口著　明日香出版社）をご紹介します。2年前に発売されたこの本は、日系カナダ人でバイリンガルのリチャード川口先生が「日本語、英語の両語にわたる深い理解をもとに、日本人が一発でネイティブ発音のコツをつかむ」独自のメソッドを公開しています。一読してすごいな、と思うのは「平易な日本語で英語を英語らしく発音するコツを説明している」こと。これまでの発音の本は、もう少し学術的だったり、「舌の先端が口蓋《こうがい》について…」のように、〝わかったような、わからないような〟説明が多かったりしたのですが、この本ではもっと直接的に、たとえば、「母音の[i]は日本語の『い』と違って、口を横に引かない。日本語の『い』にちょっと『え』が混ざったような音。だから、shipだったら『しっぷ』というより『しぇっ（ぷ）』に近い音」という具合にわかりやすく書いてあります。

この、「英語の音を日本語で理解する」ということは本当に大切です。「どのような音なのか」を日本語で説明できないネイティブ講師に、「この音を出すんです、はいもう一度繰り返して！」と何度も何度も言われるより、頭で理解して発声するほうが、効率的かつより正確に音を出すことができるからです。

リチャード先生の言葉をお借りすると、「どうしてネイティブの英語はわからないのか。自分が思っている音と実際にネイティブが発している音が大きく食い違っているから」「人は8歳〜9歳を超えると、聴いただけでは音や言語を覚えなくなってしまう。だから、（西

注：日本人的な）カタカナ英語とネイティブ発音がどう違うのかを知った上で、自分がネイティブ発音ができるようになると、当たり前に聴き取れるようになる」…その通りだと思います。**発音を学ぶのは、リスニングにもスピーキングにも役立ちますし、意味ある投資**になります。

私が通った大学では、1年次の集中英語プログラムのカリキュラム中に発音の授業がありました。そのときに、[iː] は「い」ではない、という話をはじめて聞いて衝撃を受けたのをいまでも覚えています。当時の教科書は英語で書かれていましたが、いまは日本語で英語の発音の仕方が学べるのですから、いい時代になりました！

リスニング力を上げたいかたは、日本語で英語発音の概要をつかんでください。遠回りをしているようで、リスニング力向上に欠かせない確実な方法です。

16 話せる人は、日本語で発音を学ぶ！

第3章

環境・ツール 編

17 話せる人は英会話学校を振り、挫折する人は情でつき合い続ける。

時は4月、英会話学校の生徒募集がもっとも盛んなとき。電車の中吊り広告も「今年こそ！」と、ビジネスパーソンが斜め上を見上げたグラビアであふれています。

実は私も昔、英会話学校に少しだけ行ったことがあります。入学した大学には、英語を自由に話せる人があまりにも多く、純ジャパ（大学時代の用語で、「純粋ジャパニーズ」つまり、「日本で生まれて日本で育った人」の意味）の私は引け目を感じており、「英会話を習おう」と一念発起したわけです。

その頃は「サロン形式マンツーマンレッスン」が流行っていたころで、行きたいときに予約を取って受講するというパターンでした。私が行ったのは中規模の学校で、全員ネイティブの先生だったと記憶しています。「よし、頑張ってスピーキングを練習して、自由に話せるようになるぞ」と張り切って行き始めたのですが…結論から言うと、2回でやめました。

まとめてチケットを購入する形式ではなかったので、テキストを1冊買ったくらいで金銭的な問題はなかったのですが、**「英会話学校ってこんなものなのかな」と思ってやめてしまった**というところです。

どうしてやめてしまったのかと理由を思い出すと、「授業がつまらなかった」ということに尽きます。先生はネイティブでしたが、研修をしっかり受けたようには見えず、「（英語を）教えよう！」という意欲や意気込みが感じられませんでした。テキストを読んで生徒に質問して、生徒が答えれば「ＯＫ、はい次」という調子。一度だけなら「たまたま『ハズレの先生』に当たってしまったのかな」と思いますが、それが二度続いたところで「二度あることは三度あるよね、きっと（泣）」とやめてしまったのでした。

これを言うと、「もっと大手の学校や先生に定評がある学校だったら、よい先生がいたのではないですか？」と言われることがあります。あまり大きな声では言えないのですが、私の生徒さんに某大手スクールに通っていたかたがいらっしゃいます。彼女いわく「先生はきちんとした服装で、校舎も立派でしたけれど、先生があきらかに初心者を教えるのがイヤそうだった。こちらが先生の言っていることをわからないと、ため息をつきながら繰り返してくれていた」ため、いたたまれなくてやめてしまったとのこと。私は、そこのスクールは先生の質も一番だと聞いていたので、この話を聞いたときには驚くと同時に残念でした。

英会話学校選びは難しいです。スクールのような「場」を作らなければ、勉強をしないままになり、その結果仕事や就職に支障が出るかもしれません。かといって、満足いかないままずるずると通い続けるのは時間もお金ももったいない。

それでは、どうしたらいいのでしょうか？

まず、**自分に必要なことを見極め、それを教えてくれる先生を探す**ことです。いまは英会話学校も競争が激しいので、「ファイナンスのバックグラウンドがある先生を」とか、「ボストンに旅行するので、ボストン周辺から来た先生を」などという要望に応えてくれるところが増えています。

また、**「がっつり話したい」**というかたには**グループレッスンは不向き**です。知り合いが、個人レッスンは割高なのでグループレッスンに通っていましたが、日本人の生徒同士で会話する時間がもったいなくてしょうがなかったと言います。先生に見てもらい、間違いを直してもらえる環境なら通うけれど…と。そういう場合は、レッスンの回数を減らしてでも個人レッスンのほうがよいでしょう。しかし、勉強仲間と一緒に頑張りたい、一緒に勉強する友人を作りたいというのをスクールに通う第一目的とするなら、グループレッスンがいいですね。

英語をお教えすることを職業のひとつとしている人間として、英会話学校を悪く言うつもりはありませんが、もし**いまの授業が自分の目的に合っていないのであれば思いきってやめることも選択肢のひとつ**です。

17 話せる人は、自分のために英会話学校を活用できる!

18 話せる人はグリーン車に乗って勉強し、挫折する人は満員電車で立ってでも勉強する。

英語に限らず「勉強したい」というかたが共通に持つ悩みのひとつが「勉強場所がない」「勉強時間がない」ということだと思います。家族がいらっしゃるかたであれば、「家だとうるさくて集中できない」「部屋が狭くてできない」となるでしょう。家が遠く通勤に時間がかかる場合は、「時間がない」が代表的な悩みでしょう。

「場所がない」の解決策として、「家の外でやる」という方法があります。最近の図書館は以前に比べて近代的でとても使いやすく、きれいな建物が多いです。周りの人も勉強したり読書したりしているため、自然と「やらないといけない」気になるでしょう。また、「図書館だとあまりにも静かで落ち着けない」かたが好むのが「カフェ勉強」ですね。ファストフード、ファミリーレストランで勉強している人をよく見かけるようになりました。

ただ、ここで、あえて提案します。**勉強場所にお金をかけて**みましょう。公共図書館でもいいのですが、「あえてもう少し」お金をかけて**「懐が痛む」ことで、「このお金の元を取ってやろう」と思うことが狙い**というわけです。

最近、大都市周辺であれば、いわゆる「電源カフェ」「ノマドカフェ」「勉強カフェ」と言われるものがあります。ネットでキーワードで探すと、実際にそれらのカフェを使ったかたがまとめたサイトが出てきます。

「勉強カフェ」のポイントは「椅子」です。「勉強や作業をするかた歓迎」というカフェはいい椅子を置いているところが多く、ファストフードの硬い椅子とは比べものにならないくらい快適で疲れにくいです。

企業が運営している会員制ライブラリーもあります。私が知っているのは東京で森ビル株式会社が展開している「アカデミーヒルズライブラリー」で、六本木（六本木ヒルズ）・溜池山王（アークヒルズ）・平河町（平河町森タワー）にあります。私は六本木ヒルズのライブラリーを見学させていただいたことがありますが、大変に贅沢かつ機能的な作りでした。ここはそれなりの額の投資をすることになりますので、私はまだ会員になる勇気が出ないのですが（笑）、「ここだったら勉強がはかどるな」と思えることうけあいです。

電車での通勤時間が長いかたは、特別車両を使うという方法もあります。これは、家に早く帰るためというより、むしろ快適な車両に長く乗って作業をするというのがポイントですから、あえて「特急」には乗りません。

たとえば、私は神奈川県西部に住んでいまして、東京方面への通勤は片道約2時間かかります。仕事や作業が立て込んでしまってどうにもならないとき、新幹線や特急に乗って仕事などをしても調子が乗り出したころに着いてしまうので、あえて各駅停車のグリーン車に乗っていました。私の通勤距離ですと、普通車でも途中で必ず座れるので、少し我慢すればグリーン料金など払わなくてもいいのですが、**「高いグリーン車に乗っているのだから少しでも元を取ってやる」**という気になるのですね。

あと、**「明日が重要な試験」というときには、ホテルを取るという方法もあります**。漫画家が締め切り間際にこもるのと同じで、「他にやることがない」状態にしてみるのです。ホテルに泊まるときは、デスクライトを借りられるかどうか事前にフロントに確認することをお勧めします。たいていのホテルは貸してくれるようですが、心配ならば念のため、小さなサイズでもデスクライトを持ち込んだほうがいいかもしれません。

かつて文豪・小林秀雄が逗留した旅館の、小林氏が愛用していたという部屋に泊まったことがありますが、「部屋の内風呂が源泉かけ流しであること以外、本当に何もない部屋」で、これだったら書かざるを得ないのだろうなぁと思ったことがあります。

勉強をはかどらせようと思ったら、場所を選ぶこと。これは決して浪費ではありません。

19 話せる人は勉強道具にお金をかけ、挫折する人は物持ちがいい。

今度は「勉強道具」の件です。できる限りお金をかけない、かけたくない主義、または、いまはやりの「モノはできるだけ持たない主義」（自宅にパソコンは置かない、スマートフォンは持たないなど）のかたには申し訳ないのですが、ここでは「英語学習のモチベーションアップのために、勉強道具に投資する」件についてお話しします。

すでにご紹介した「ＡＢＣニュースシャワー」、そして英語勉強者の間でファンが多いＮＨＫラジオ会話のストリーミングが聴ける「マイ語学」などを楽しむためにはあまりに古いパソコンでは苦労することが多いものです。**「パソコンの動きが悪いな」と思ったら思い切って買い替える**こともご検討ください。なかなか起動しない、または画面が切り替わらない、動画や音声が止まってしまう…このようなパソコンをイライラしながら使うのではモチベーションがそがれかねません。

パソコンにDVDドライブがついていればCD-ROMで辞書ソフトを入れることができますし、映画やドラマのDVDを観ることもできます。オンラインの辞書はWifiがないところではアクセスできないので（有線接続であれば別）、英和・和英辞典をパソコンに入れておくと、気になった時にさっと調べることができ、疑問点をその場で解消できます。パソコンを買うのは出費としては大きいかもしれませんが、**「この投資を取り返そう」という気持ちになればしめたもの**です。

もし「会社にパソコンがあるから家にはいらない」のであればタブレットがお勧めです。私はタブレットも3種類ほど持っていますが、スマホで動くアプリはたいていタブレットでも動くので、「大きな画面で辞書を使いたい」、「勉強アプリを使いたい」という用途に役立ちます。

タブレットかスマートフォンがあれば、出先でもポッドキャストを使って、英語番組を聴けるようになります。

学習者のかたにお勧めのポッドキャストはESL Podです。これは、ESL(English as

a Second Language　外国語としての英語）の習得という観点で作られた英語教育番組で、わかりやすい発音の番組を無料で聴くことができます。毎回、簡単な会話が放送され、会話の書き下し文はホームページ上で確認できるので、聴きっぱなしになりません。スマートフォンにダウンロードして持ち歩けば、どこでもリスニングができます。さらに、有料会員になれば、もっと詳しい解説書（英語）が手に入るので、より深い学習をすることもできます。1日に何度も聴き、シャドウイングする習慣をつけると、人生が変わるかもしれませんね。

ESL Pod のサイトは https://www.eslpod.com/website/index_new.html です。

また、「話せる人はスルメを噛みしめるように英語を聴き、挫折する人は英語のシャワーをあびる。」で書いた TEDICT をはじめとして、いまではいろいろな勉強アプリがあります。個人的には単語を覚えるアプリはどれも「まあこんなものかな」が感想なのですが、リスニングや文法テストなどはなかなかよいものも多いです。

私が好きな文法学習アプリは My Grammar Lab（Pearson Education）のシリーズ。これは初級・中級・上級に分かれた文法テストアプリで、『ロングマン英和辞典』で知られるピアソンが作った本格的な文法テキスト準拠のアプリです。これのすごいところは、テキストを買わなくても無料で学習ができること。iOSでもアンドロイドでもダウンロードができ、いつでもどこでも文法のミニテストをすることができます。まずMy Grammar Labと検索し、初級（緑色のアイコンのアプリ）をダウンロードしてください。解説はついていませんが（解説を見たければテキストを買うしくみ）テストがよくできていて答えを見るだけでも「ああ、なるほどね」と納得できる問題が多く面白いです。

何となく英会話学校に通い続け「貢ぐ」くらいならば、道具に投資するのも英語学習のだいご味だと思います。

19 話せる人は、いい道具には出費を惜しまない！

20 話せる人は海外留学に行くタイミングを知っていて、挫折する人は「人生の転機」と言って海外留学する。

「海外留学」。

語学を勉強する人の「合い言葉」的な四文字熟語ではないでしょうか。

「一度は海外に行ってみたい」「海外に行かないと語学は上達しない」「英語だけの環境に放り込まれれば何とかなる」…といった留学礼賛派。

「留学なしでペラペラ」「留学経験がないのにＴＯＥＩＣ９００点」「日本にいながらにして語学堪能になる」…などの留学不要派。多くの論者たちがひしめいています。

何度も申し上げますが、**私自身は留学経験ゼロです。残念ながら短期の語学研修すら経験がありません。**もしかしたら「留学しなくてもうまくなるのか」と思われているかもしれませんが、留学経験があればもっと早く上達したかもしれません。つまり、「留学は必要ない！」とは一概に言い切れません。留学とまでは言えない、短期の海外研修でさえ一定の効果はあります。

長女が高校2年生のとき、学校の行事でオーストラリアに1ヶ月の語学研修に行ったことがあります。生徒が2人ずつホームステイして、午前中は語学学校で主に会話の練習、午後はホストファミリーと過ごすという「典型的なよくある」プログラムでしたが、本人いわく「最後のほうは現地の人が言っていることがなぜかわかるようになった。わかるようになった理由はわからない」だそうです。語学研修を人に勧めるか？ と聞かれればおおいに勧めるそうです。

ただしかし、です。**「何となくわかるようになる」だけのために、貴重な時間とお金を使うのが効率的なのかどうかという費用対効果はここで考えなければならない**でしょう。

長女の場合、高校は外国語コースで、普通科に比べて英語の授業は格段に多く組まれていました。日本でかなり多くの時間を英語に費やしてから研修に行ったことが、効果が上がった理由かもしれません。

つまり、留学には「行くタイミング」があるのです。普段まったく英語に触れていない人が「行ってしまえば何とかなる」のではなく、ある程度の英語学習をできた人がいままでやってきたことを「引き出してもらいに行く」のであれば行ってよかったとなるでしょう。これが「行けば何とかなる」で、「人生の転機」だか「自分への挑戦」だか、**「留学がすべてを変えてくれる」という気持ちで行っても、長期休暇にしかなりません。**

前職の外資系コンサルティング会社では、ほとんどのコンサルタントが海外でＭＢＡを取っていました。彼らはＭＢＡのタイトルが仕事で必要なので、十分に英語を勉強してから海外留学をしているわけですが、中には東大を卒業後、ハーバードとノースウェスタンとＭＩＴ（マサチューセッツ工科大学）でそれぞれ修士号を取ったというような超人もいました。このかたは私がいままでお会いした中で最も輝かしい学歴のかたでしたが、ここまでくると、「勉強したいから」「留学する理由があるから」行っているわけで、十分意味がある海外留学ではないかと思います。

ちなみに、あまたいるＭＢＡ保持者を束ねていた当時のトップは海外留学経験ゼロでした。MBAどころか学部留学経験すらないという、すがすがしいまでに国内志向のかたでしたが、幅広い知見と十分な語学力、人脈を持ち、社員のみならずクライアントからも尊敬されていました。そのかたのことを思い出すと、「海外留学は必要条件ではない」と改めて思います。

「英語を勉強しているから海外留学」と飛びつく前に、目的を確認してタイミングを見極めてから行くほうが、「海外留学後」に自分の糧となるでしょう。貴重なお金と時間を費やすのだから、勢いでは行かずに冷静に判断して行くのが賢明です。

20 話せる人は、冷静にタイミングを見極めて留学する！

21 話せる人は急がば回れ、挫折する人は「1週間でペラペラになれる本」に飛びつく。

中学校でも高校でも英語には興味がなかったし、どちらかというと嫌いでほとんど勉強しなかった。専門的な勉強をしたかったので専門学校に進んで社会人となり、第一線で働いてきた。このまま問題なく、社会人生活を送るはずだったのに、先週、突然海外子会社の担当に任ぜられ、外国人スタッフとやり取りをすることになった！　いったいどうしたら…？

このようなかたが私の生徒さんには少なからずいらっしゃいます。仕事がよくできるかたが、えてしてこういう状況に陥りやすいですね。必然的に彼らは忙しく、早朝から深夜までさまざまな仕事に追われています。業務上、英語が必要となってしまったので、勉強もしないといけないのですが、これ以上他のことに時間を割くことは難しい状況です。

考えられる解決策のひとつは、「英語の速習本を読む」こと。書店に行けば、魅惑的なタイトルの本がたくさん並んでいます。「1週間で英語がペラペラになる本」「72時間で中学英語の基礎を学ぶ」「3日でＯＫ！ 英語でビジネスする本」（注：これらの題名は実在するものを切り貼りしたフィクションです）…まるで、「英語なんぞに1週間以上かけるのはバカだ」と言わんばかりのタイトルがずらりと並ぶ様子も多く目にします。もしかしたら、皆さんの中でもこの手の本をお持ちのかたもいらっしゃるのではないでしょうか。

このような本について、「効果のほどは？」を聞かれることがたまにあります（不思議なことに、生徒さん以外のかたから聞かれることが多い）。私は「急がば回れ」ということでこのように申し上げます。

語学の勉強法は多くありますが、どれもが一定の期間、地道に積み重ねてトレーニングすることを前提としています。英語は即席麺ではありませんので、「お湯をかけて3分」でできるようにはなりません。残念ながらこのような本は、その場しのぎの劇薬のような効能はあっても、本当にできるようになるわけではないので、速習本の内容と少し違う場面に遭遇すると途端にわからなくなってしまいます。

英語ができるようになったかたは、毎日（少なくとも週に3回以上）、たとえ15分でも何らかの形で努力をしています。机の前に座れないなら電車の中、夜にできないなら朝…と短くても時間を見つけ、その時間で自分ができそうなことを選んで積み重ねています。

世界ナンバー・ワンのカリスマコーチと呼ばれるアンソニー・ロビンスの名言に、**「私たちは1年以内にできることを過大評価し、10年以内にできることを過小評価しがちだ」**があるそうです。まさに言い得て妙、的を射た至言だと思います。

積み重ねないと英語はできるようにならないことを示す例として、ある生徒さんのお話を紹介します。そのかたは今年で授業9年目に入りました。商社で貿易業務をしている女性ですが、英語の勉強を始めたころは国内顧客担当でした。英語はできないけれど興味があったという彼女は、勉強を始めてしばらくしたころ、たまたま社内の貿易部に空きが出たのを知り、思い切って応募。異動が決まって喜んだのもつかの間、すぐに海外の取引先と連絡を取らなくてはならなくなりました。当時の彼女の英語力は「アイ・マイ・ミー（I my, me)」からはじまる人称代名詞の表を埋めるのに「うーん」と考え込むような状態。とても海外とのやり取りができるようには思えませんでしたが、彼女のすごいところは先輩や私にわからないことを聞きつつ、業務をとにもかくにもこなしながら上達していったこと。取引先への英文メールの言い回しがわからなければ、私にメールで「○○と書きたいのですが、どうすればよいでしょうか？」と聞きます。私からの回答メールは印刷し、ファイルして「辞書」にするだけではなく、重要表現は会社のパソコンの横に貼りつけておいたそうです。

彼女の中にどんどん英語が「貯まって」いき、9年経ったいまではたいていのことは英語で問い合わせて仕事を進めています。「今後は電話で自在にやり取りをするのが目標」だそうです。

21 話せる人は、楽な道を選ばない！

「話せる」ためには「急がば回れ」。速習本を買い続けるより、実はずっと近道ではないでしょうか？

22 話せる人は辞書とともに歩き、挫折する人は都度ネット検索。

私はメルマガやセミナーの中で辞書の話をよくしますが、「また辞書の話〜?」とおっしゃらないでください。英語に限らず語学をやろうという話になったら、辞書の話から逃れられないのですから。以前拙著である『秘書の英語　実務ハンドブック』（研究社）に書いた通り、「辞書にない文章を書いてはいけない」のです。

辞書の話になると、「ネットで辞書が使えるからいい」というかたが必ずいらっしゃいます。都度ネットにつないで検索すれば事足りるということですが、**ネット上の辞書は例文検索などがしにくく、正しい英文を書くのに使いにくい**ことが多いです。ネットの辞書は、英語のプロがちょっと確認するために使うものと思ってください。現在勉強中というかたがこの手の辞書を使い始めると、便利なのでネット辞書に偏り、誤った道へ進んでしまうことが多いのです。

紙の辞書や電子辞書も種類が豊富ですが、最近はスマートフォンで引ける辞書アプリがたくさん出ています。私もiPhoneで使える辞書アプリを愛用しています。

ここではとにかく、お勧めの辞書をどんどん紹介していきます。ぜひ、どれかを実際に使ってください。英語力アップのコツは「正しく投資すること」。辞書など、そのリターンに比べれば小さな投資です。

まず、「ウィズダム英和・和英辞典」。これはイチオシのアプリです。使い方がシンプルで、説明が充実してかつ見やすく、何より例文検索がすばらしい。「この単語はこういう使い方ってできるのかな」と思ったときに、調べたい語句を入れて「用例」ボタンをクリックすると、その言葉を使った例文が出てきます。また、単語を音声で読み上げてくれる機能もついています。英和・和英両方が入って２９００円（２０１５年5月現在）ですから、お得と言えます。英語を勉強しようと思っているのであれば絶対のお勧めです。

また、**紙ベースだと買う気にもならない英英辞典（厚さが5センチくらいはあるので！）も、アプリでひとつ持っていると便利**です。私が持っているのはｉＯＳ対応の『ロングマン現代アメリカ英語辞典』と『オックスフォード現代英英辞典』です。個人的には後者が例文が多くて使いやすいのですが、ロングマンは説明が懇切丁寧で、読むだけでも英語の勉強になります。「通勤中に単語を必ず３つ調べる」といった使い方もできそうですね。しつこいですが、紙の英英辞典は漬物石か枕にしかならないくらいの厚さですので買うのに躊躇《ちゅうちょ》しますが、アプリであれば買っても使えそうです。

ひとつ注意していただきたいのは、辞書アプリには偽物も多く存在することです。いま名前を挙げたロングマンにも偽物があるらしく、１０００円だか１２００円だかでストアにも出ていたそうです。発見され次第、削除されているそうですが、それは購入しても使い物にならないシロモノだそうですので、くれぐれもお気をつけて！

一方、アプリ辞書をお勧めしても、「やはり紙のほうが使いやすい」と言うかたもいらっしゃいます。実は私もアナログ人間で、紙の辞書のほうが好きですし、いまでも愛用しているので紙の辞書でお勧めできるものも挙げておきます。

まず、『グランドセンチュリー英和辞典』（三省堂）。ウィズダムの紙版もいいのですが、気軽に使うには少し厚すぎるかなと思いますので中級者用のグランドセンチュリーをお勧めしています。

和英では『ニュープロシード和英辞典』（ベネッセコーポレーション）がよいです。英語を実際に使う、話す、といった観点から作られている辞書なので、語数よりも解説重視、解説記事を眺めているだけで目からうろこが落ちます。絶版になっているので、中古品が手に入るうちにお求めになることを強く強くお勧めします。

23 話せる人は1冊を使い倒し、挫折する人は語学書ベストセラーを買いあさる。

この本を買ってくださってありがとうございます（笑）…と先回りして御礼を申し上げたくなるくらい、語学書は多く出ています。

英語勉強法の本も多く出ていますが、もちろん、「私がお伝えしたいことがある」からこそ書かせていただいています。ですが、これまで紹介してきた勉強法やノウハウについて「どこかで見たな」と思われたかたが多いと思います。つまり、それだけ英語学習には「王道」があるということです。

となると、**問題は「いかに語学書を選び、いかに続けるか」**ではないでしょうか。

本を探し回ることには賛成です。ニーズも現在の実力も学習者によって違いますし、何が目標なのかによって学習内容は変わってきますし、本のレイアウトなどの使い勝手、好みも違いますので。ですから、書店で何冊か実際に見てみてください。あくまでもご参考ですが、本を選ぶ際には**「3日でできる」「1週間でできる」といった文言が入っていないものをお勧め**します。こういう「まとめ本」にはいいものもあるとは思いますが、肝心なところの説明が抜けていることが多いのです。

そして、「これ」と決めたら少し辛抱してみてください。**新しい本に簡単に浮気せず、一度とにかく最後まで通してやってみて**ください。「簡単だった」と思っても、案外と新しい発見があるものですから、まずはやり通すことをお勧めします。終わった段階で「思った以上に難しかった」ならば、再度はじめからやり直してください。こうして何度も〝漆塗り〟作業をすることで英語力がついてきます。

この、〝漆塗り作業〟について生徒さんが教えてくださったやり方があります。問題を1回目にやるとき、「自信を持って解答したもの」と「カンで解答したもの」をはっきり区別するために、「カンで解答したもの」には「?」マークをつけるそうです。そうすると、偶然正解であっても「?」がついてるのは「わかっていない」問題なので、きちんと解説を読んだり、先生に質問したりするべき問題であるとひと目でわかると。なるほど！と思いました。

先ほど書いた通り、本はご自身で選んだほうがいいですが、「時間がないから、何かお勧めを教えてください」と言われることが多くなってきました。そこで、ふつつかながら私が「仕事で英語を使うための基礎工事をする」という観点で、何冊かお勧め本をリストアップさせていただきました。

すでにご紹介した本も含まれており、また、品切れで中古品しか手に入らないものもありますが、これまで使ってきたもので「これは使い倒す価値がある」というものを一覧にしてみました。私自身もこれらの本に助けられてきましたし、だからこそお勧めできます。

ぜひ、あなたの「1冊」を使い倒してください。それを選ぶための情報提供材料として、本書をご活用いただければうれしいです。

＊著者名は省略させていただきます。

『中1英語をひとつひとつわかりやすく。』（学研教育出版）
『やさしく学ぶ英語リピートプリント　中一』（フォーラムA）
『高校入試　基礎の完成　英語』（学習研究社）
『データベース4500　完成英単語・熟語』（桐原書店）
『総合英語Forest』（桐原書店）

23 話せる人は、自分だけの１冊を信頼する！

『山口英文法講義の実況中継』（語学春秋社）
『大矢英作文講義の実況中継』（語学春秋社）
『どんどん話すための瞬間英作文トレーニング』（ベレ出版）
『ドクター・ヴァンスのビジネス・プロフェッショナルが使うパワー英単語１００』
（ダイヤモンド社）
『新ＴＯＥＩＣテスト　スーパー英単語』（アルク）
『「ビジネス英語力」強化プログラム』（日本経済新聞出版社）
『相手を必ず動かす英文メールの書き方』（アルク）
『バンクーバー発音の鬼が日本人のためにまとめたネイティブ発音のコツ33』
（明日香出版社）
『ＴＯＥＩＣ（Ｒ）テスト対応　英文法ネイティブ・アイ』（ジャパン・タイムズ）

第4章

モチベーション編

24 話せる人は一期一会、挫折する人は断捨離。

いろいろな生徒さんと勉強をしてきて、気づいたことがあります。それは、**「執念深く、かつ一期一会のかたが伸びる」**ということ。なんだかコワそうな雰囲気ですが（笑）、各界の成功者も皆さん、そういうところがありますから、「話せる人」の必要条件なのかもしれません。

生徒さんがTOEICなり英検なりの試験を受けた次のレッスンで、私は必ず「試験はどうでしたか？」と伺います。日本人は謙遜するからか、私の見立てでは9割以上のかたが「難しかったです〜」「もうだめです」などとおっしゃいます。それはいいとして、問題はそのあと。

「どんな問題ができなかったのですか？」とか「どこが難しかったのですか？」と伺ったときの答えで、「話せる人」はすぐわかります。「話せる人」は、「語彙《ごい》問題で○○○という単語が出たのですが、どうしても意味がわかりませんでした」「○番のこういう問題で、こういう設定がされていたのですが、私はその設定では英語を書いたことがなくて、何とかやりましたがもしかしたら間違えているかもしれません」…というように、出題された問題で自分がわからなかった箇所をよく覚えています。また、こういうかたは「大問一の語彙問題はおそらく半分程度です。けれど、そのあとの長文は8割くらい取れていると思います」など、できなかったところとできたところをわかっています。面白いことに、このように「ご自身の不明点や間違いを覚えている」「できなかった点とできた点を覚えている」かたはその試験に合格することが多いようです。

これが「いや～さっぱりわからなかったし覚えていないです」「何がなんだったのかわからないうちに終わりました。また頑張ります」と言うかたは、残念ながらそのあとも合格までの道のりが遠いようです。

誤解を招かないように急いでつけ加えますと、「わからないこと」自体が問題ではないのです。「試験を受けて、わからなかった問題は何なのか覚えてこない」ことです。**財産とも言うべきご自身の間違いを捨ててしまっている**ことになるからもったいないのです。

英検のように試験問題を持ち帰れる問題であれば、受験後に復習できますが、TOEICなどは問題が回収されてしまい手元に残りません。だからこそ、脳みそを全開にして問題を覚えて帰ってください。「こんな問題が出た」「この問題はわからなかった」などを覚えて帰ること。これが将来の弱点つぶしに活きてきます。

また、**「話せる人」はあらゆる場面で貪欲に英語を吸収**しています。資格試験や問題集はもちろん、たまたま見かけた映画やテレビ、洋楽などあらゆるシーンで出会った英語について、「これは自分の仕事や生活で使える」「今度この場面で使ってみよう」と見逃しません。何度か口に出して言ってみたり、書いてみたり、ご自身で表計算ソフト上に作った単語帳に入力したり…この姿勢はさながら「一期一会」。せっかく出会えた単語や表現だから、忘れないように覚えてしまおうという姿勢なのです。

この、「**一期一会の姿勢で単語や表現を集めていく**」のは絶対にお勧めです。私が秘書として働いていたころには、米国本社や世界各国の支社からくるファクスやレター、メールが宝の山でした。たとえばメールに This step should be expedited. と書いてあれば、「そうか、『速くやれ』ということだな、なるほど」と、辞書の見返しにメモしていたものです。この手の「今後使ってみたい単語や表現メモ」は後々、本当に役立ちました。

これらの情報の整理は、Evernoteを使い始めてからラクになりました。Evernoteは「何でも入れられる」オンライン上のファイルボックスのようなもの。メールのコピーだけでなく、ウェブページも、スマートフォンで取った写真も一元管理でき、パソコンからでも携帯端末からでもアクセスできるので本当に便利です。ベーシック版は無料なので、まだお使いになっていないかたにはお勧めします。

試験で解けなかった問題、生活の中で出会った「使えそうな問題」など、一期一会で学んで吸収していきましょう。

24 話せる人は、一期一会で学んでいく！

25 話せる人は呼吸を整え、挫折する人は勉強を作業化する。

「忙しい。時間がない。疲れた。お金がない。テストの点数が伸びない…」。勉強を続けていればいろいろなことがあります。そこで「挫折する」のは簡単ですが、せっかく英語を勉強し始めたのですから、どんな形であっても続けてみませんか? この項目では、この本を読んでくださっているかたすべてに向けてエールをお送りすべく、英語に限らずすべてのことを「何としてでも、続ける方法」をご紹介したいと思います。

どなただったか失念したのですが、とある大作家のかたが毎日の習慣について聞かれて、「どんなにやる気が出なくても、毎朝必ず決まった時間に座って書く」と答えておいででした。継続のための秘訣はこれなのだと思います。

やる気が出ようが出まいが、毎日必ず決まった時間に決まった作業をやる。他の項目でご紹介する「写経」10分間でもいいですし、音読5分間でも構いません。たくさんのことを一度にできなくても、できることを毎日行いましょう。

それすら難しければ、決まった「作業」ではなくて決まった「動作」であればどうでしょうか。たとえばテキストを広げて、10秒間深呼吸して閉じる、など。これは決してふざけているのではなくて、何かに取り組むときの障壁をできるだけ低くしているのです。

私は長い間ヴァイオリンを習っておりますが、以前のヴァイオリンの恩師が、「どうしてもやる気が出なければ、楽器のふたを開けるだけでもいい」とおっしゃっていました。楽器のお稽古というのは本来、毎日やることなのですが、いろいろな事情でできなければ、「ふたを開ける」という小さな動作でもやりなさいということです。つまり、それさえしなくなってしまうと、あとは坂道を転がり落ちるように何もしなくなるということ。それを何とか防ぐために、「動作」で歯止めをかけています。

この**「動作をする」は、疲れたり落ち込んでいたりして何もやらないつもりだった人を動かす力を持っています。**深呼吸をしているときにたまたま眺めていたページがテストに出たとか、たまたま開いたページになぜだか興味を引かれて、面白くなって夢中になって勉強したとか。それもこれも、はじめの一歩ならぬ〝はじめの動作〟があったからこそ。

それから、勉強に取り掛かるまでのハードルを下げるという方法もあります。朝にやろうと決めたのであれば、前夜から机の上に、テキスト類と「起きたら食べよう」と思って買ってきたお菓子を置いておくとか。

再びヴァイオリンの話に戻りますが、「毎日練習ができないのです」とヴァイオリンの先生に相談したら（ぐちったら）、「譜面台をしまわないで出しておくこと」とアドバイスされました。譜面台は折りたたみ式なので、私は毎回、お稽古が終わるたびにたたんで片づけていました。先生はそこを指摘したわけです。

これは、取り掛かるまでの作業をできるだけ少なくすることで行動を起こすことへの「心理的な障壁」を低くしている、ということですね。そういった意味で、いいパソコンを使うことも決して浪費ではなく投資だと思います。起動するまでにやたら時間がかかったり、うまく作動しなかったりするだけでモチベーションが下がるので。

また、「話せる人」は、時間的・経済的事情などで英会話学校に行けなくても、いまできることに取り組みます。**お勧めなのは、「ぶつぶつ独り言練習をする」こと。**

朝起きたときから、できる限り英語で独り言をつぶやいてください。電車に乗ったら「これはｘｘ経由ｘｘ駅行の上野東京ラインである」This is a train of the Ueno Tokyo Line via xx station to xx。会社についたら、「今日はいくつ会議があるんだ？ ４つか。多すぎる！」How many meetings should I attend today? There are four meetings today. Too many! といった具合で独り言を英語にするのです。スピーキング練習はこの「独り言練習」から、とおっしゃる先生もおいでです。普段考えることを英語にする、これも「いまできること」です。

25 話せる人は、「やる気任せ」にしない！

26 話せる人は先生をうまく〝利用〟し、挫折する人は先生を信頼し身をゆだねる。

「英語をやるならスピーキングを中心に」という生徒さんは多いです。仕事で上級レベルのスピーキング力が必要、旅行で必要など必要な分野と必要な度合いは違いますが、「英語を話せるようになりたい」という要望は今後も減ることはないでしょう。

それは結構なことなのですが、疑問に思うことがあります。「スピーキングをやりたい」というお話を受けて、「わかりました。ではどんな内容にしますか？　どんな話をしたいのですか？」と伺うと、「えーと、特に要望というのはなくて何でもいいです。『話した！』という実感があればいいです」という答えが返ってくることが少なくないのです。こういうご要望の場合、こちらでトピックを探すようにはしますが、果たして本当に、これで生徒さんがハッピーなのかどうか考えてしまいます。教える側も費用対効果、時間対効果を考えているので、できるだけよいレッスン、実りある時間を過ごせたと思えるレッスンを提供したいのです。

グループレッスンであれば、手ぶらで行って座っていても問題ないでしょう。「今日は話せないなあ」と思えば、先生に断ったうえで他のかたが話しているのを聞いているだけでもなんとかなります。ただ、割高な料金を払ってせっかく個人レッスンを受けるのであれば、「何を、どれぐらいできるようになりたい」とご自身が決めることが大切ですし、時間もお金ももったいないと思います。教える側が準備をしていることと、**生徒さんがやりたいことがずれたままでレッスンを続けても、効果が出ないですし、楽しくもない**でしょう。モチベーションがダダ下がり、という状態ですね。

この状況を避けるためには、先生をうまく〝利用〟するのがコツです。スピーキングをやるのであれば、先生に「『手持ちの話』を増やしたい」というお願いをするのはいかがでしょうか？ この『手持ちの話』というのは、自分が話せる「お題」のこと。たとえば、「海外からお客様が来るからそれに備えたい」という場合であれば、お客様をお迎えしたときに出てくるだろう話を何本か準備しておくのです。話題の例としては次のようなものが考えられます。

・自社の概要（業務内容、従業員数、本社場所、支社の数など）
・自社の業界における位置、業界内のトピック
・競合他社との比較（他社と比べて自社はどこがどう強いのか）
・自社の業績（年間売上高、利益額、これらの動向）
・新製品や新サービス、また他社と比べて特徴的なこと（独特な人事制度など）
・今後の自分のキャリアプラン
・家族の話、住まいの話
・趣味の話（ゴルフ、ジョギング、テニスなど）
・休暇の話（自分の好きな場所、将来行きたい場所）
・自身がいま携わっている業務

お勧めしている「手持ちの話の準備」とは「話の組み立てを準備する」こと。「序盤でこれ、中盤ではこれ、最後にこれ」というように、まずは箇条書きでも構わないのでメモを作ります。そのメモを見ながら、先生の前で話す練習をし、どんどん直してもらいます。

こうやって「手持ちの話」をいくつか作って話の組み立ても準備しておけば、自信を持っ

て話すことができますし、ご自身の大きな財産となるでしょう。

生徒さんで、日英両語で業務をこなせる事務職を認定する「国際秘書検定」二次試験を受験するにあたり、当日面接試験で聞かれるであろうトピック（自身のこれまでの経歴、会社の業務説明、キャリアプランなど）について徹底的に準備していったかたがいます。「本番の面接で、『手持ちの話』のひとつについて聞かれたときには、『よくぞ聞いてくれました！』と心の中でVサインをした」とのこと（笑）。このかたは見事に面接試験に一発合格しました。

このように、**先生に対する希望はできるだけ明確に、詳細にはっきりとおっしゃってくださったほうがいいです**。できる限りご希望に沿うようにしますので！

26 話せる人は、先生任せにしない！

27 話せる人は緻密な計画を立て、挫折する人は行き当たりばったり。

2年ほど前、とある起業家のお話を伺う機会がありました。ご自身が成功したビジネスパーソンであるだけではなく、多くのお弟子さんも育てていらっしゃるかたで、お弟子さんたちも億単位の年商を上げているそうです。

いろいろ伺ったお話の中で、一番よく覚えているのは「**毎日、その日にやることを迷わないで済むようにしなさい**」ということ。行き当たりばったりで「今日は何をしようかな」と過ごすのではなく、1日をきちんとデザインして「何時に、何を、どこまでやり、やった結果はどうだったか。今日やることを終わらせたか」などを記録するようにということでした。

私のような未熟者は、「その計画を立てている時間がもったいない」などと思ってしまうのですが、驚いたのは、その起業家のかたご自身がいまでも、この計画と記録を必ず毎日つけているということ。計画、行動、チェックを怠らない姿勢だからこそ、成功なさったのだろうなと思いました。

計画を立てる。これは本当に大切なことで、**「今日は何をどこまで」が明確でなければ動きにムダが出てきます。**フィギュアスケート界で２人の金メダリストを育てた名コーチ、ブライアン・オーサー氏の著書にも「選手の練習計画を立てることがコーチの重要な役目のひとつ」とあるほどです。

まず大事なことは「毎日何時から何時まで、何をどこまでするか」そして「机の前に座った瞬間に始められるように」**できる限り具体的に書く**こと。座ったときに、「さて、今日は何をするかな」と迷ったり考えたりするようでは、計画とは言えません。

私が習ったやり方はパソコンのテキストファイルに書いていくものでしたが、表計算ソフトにまとめてもいいですし、手帳に書いても構わないと思います。

もうひとつ重要なことは、**予定と行動との差（＝予定の達成度合い）も書く**こと。あまりに無謀な計画ばかりだと「やっぱりできませんでした」という結論になって勉強自体をやめてしまうことになりがちです。日々の達成度合いを見ながらご自身にとって最適な計画を立てていくほうが、結局は近道です。

次に計画の立て方をまとめたので、参考にしてください。

〈緻密な計画の立て方〉

■（最低限）計画に書くとよいこと

計画を立てる時間帯によるのですが、朝立てるとしたら「今日」やるべきこととそれらの開始&終了時間。勉強以外の本日予定（勉強以外の予定を書いておくことで、計画がより正確になる）、前日の計画の達成度合いチェック。夜計画を立てるとしたら、「明日」やるべきこととそれらの開始&終了時間。勉強以外の明日の予定。本日分の計画の達成度合いチェック。

■計画の書き方

【よくない例】英検準二級過去問をやる

【よい例】英検準二級過去問2014年第2回分…時間を測ってやり、答え合わせをし、各問の点数を書いておく（リスニングまでやる）

■計画の達成度合いの書き方

【よくない例】準二級過去問　全部できなかった

【よい例】準二級過去問　大問一から三までやった（残業のため帰りが遅くなりここまでしかできなかった）。点数は大問一…12／20点、大問二…8／10点、大問三…4／5点。単語の正答率が悪く、わからなかった単語はamaze, complicated、熟語はinstead ofを間違えた。

いかがでしょうか？　このように緻密な予定を立てるのは慣れるまで大変だと思いますが、この目的は「机の前に座ったときに何をやればよいかがわかるため」ということを重ねて強調したいと思います。**何事も目的さえわかっていれば案外続きます**から。

目標と計画&実行はワンパッケージです。目標を持つことはすばらしいことですが、目標だけが先走ってもダメです。計画と実行で目標を支えていきたいですね。

27 話せる人は、1日1日を緻密にデザインする！

28 話せる人は英語をやる目的がユニーク、挫折する人は英語力で転職できると信じている。

グローバル化、グローバル社会、グローバル人材の時代。英語くらいできなければ肩身が狭い…そう思っているかたが多いようです。無理もありません、新卒で就職するときにも、転職時にも、社内での昇進時にも「ＴＯＥＩＣ〇〇点以上」などと言われますし、「わが社は日本語厳禁、会議も報告書もすべて英語で」などと規定している企業もあるくらいですから。

この状況にあると、「英語さえできれば万事ＯＫ」と思うかたも少なくありません。中には「とにかくＴＯＥＩＣ８００点取ればいいです」というかたも見受けられます。

ここで立ち止まって考えてみてください。**あなたはなぜ、英語をやるのですか？　何のために？　どこまで？**

目的として「就職転職に必要なため」というかたも多いでしょうが、私の生徒さんでぞれほど英語が得意なわけではなくとも、ある業界で長く仕事を続けてきて業界知識や業界で必要とされるスキル、業界にあった「雰囲気」を身につけているため、外資系の同業他社に転職できたかたがいます。上司は片言の日本語ができる外国人だとか。

私が以前勤めていた米系コンサルティング会社では、外資系とはいえ、若手社員の場合は、それほど英語を必要とされていませんでした。もちろんできるにこしたことはないですし、コンサルタントの多くは海外でＭＢＡを取って英語に不自由ない人が多かったのですが、その一方で時間外に英会話学校に行ったり、オンライン英会話を続けたりしている人もいました。コンサルタントの場合、英語以外に大切なスキルがあるため、選考時に「入社後○年までに、指定の英語力を身につける」ことを条件で採用されるケースも多かったようです。

私がコンサルタントの上司に聞いた話では、「本社に要望を上げることができる能力」が重要だとか。特に外資系では本社の意向が強いですし、日本支社内ではらちが明かないこともあるので、「簡潔に理路整然と状況を説明し、改善要望を上げ、そのために（要望を上げるだけではなくて）自分が何をできるか・するかを論じるロジックと英語力」が必要なのだそうです。

話は変わりますが、「外国人講師、それもアングロサクソン（いわゆる金髪碧眼ですね）の講師にどうしても習いたい」というかたがおいででした。英語初心者のかたでしたので、「日本人講師のほうが、きめ細かく教えてもらえるし、余計なストレスもかからないからいいですよ」とアドバイスしたら、そのかたいわく、「まさにその『ストレス』状態を求めている」とのこと。聞けば、ご主人が急きょ海外駐在となり、ついていくことになったので、「外国人を見ても逃げ出さないようになりたい」（笑）というのが英語学習の目的でした。

海外駐在ともなると、夫は仕事で忙しくほとんど不在になるだろう。そういうときに異国でたった1人過ごすのは耐えられない…英語が急にできるようになるのはまず無理だろうけれど、「外国人に、片言でも臆せず話しかけ、自分の意思を通せるようになりたい。英語そのものを学習するのは間に合わないから、とにかく『外国人慣れ』をし、どうにかして相手にわかってもらい『どうにかコミュニケーション』ができれば目的達成」という話を聞いて、納得というか「英語勉強の目的をきちんとわかっているなあ」と感心いたしました。ちなみにこのかた、持ち前の明るさと鍛えていった「どうにかコミュニケーション」で多くの知人や友人を作り、現地滞在中に興味を持ったとある健康関連スキルを「もちろん英語で」学び、勉強を重ねた結果、そのエキスパートとなっていまでは現地で生徒もとっているそうです。

私の生徒さんでも、「恥ずかしくない英文を書き、話したい」というかた、「英語で話しかけられたら英語で返事できるようになりたい」というかた、「2020年に向けて、ボランティアで海外のお客様を自宅で受け入れたい」というかたなどさまざまなかたがいらっしゃいます。

勉強勉強と首を突っ込む前に、まず「自分は何を目的に英語をやるのか。どのレベルまでできるようになりたいのか」を確認し、そこからやるべきことを決めていくといいですよ。

28 話せる人は、目的が人一倍明確！

29 話せる人はさまざまな本を日本語で読み、挫折する人は英語しか見ない。

前著『できる秘書とダメ秘書の習慣』（明日香出版社）で、「ビジネス書の読み方」についてご紹介しましたら、読者のかたからの反響がかなりありました。「ビジネス書は難しいかと思って読んだことがなかった」というご感想も多くいただきましたが、私としては「秘書」という、経営陣をサポートする職業についているかたがビジネス書を読むのは仕事の質を上げるためにとてもいいことだと思っていますので、これからどんどんチャレンジしていただけるとうれしいと思っています。

英語学習も同じです。学習を進めていくうちに、いくら英単語を覚えても、内容についての知識がないと理解できないことが増えてきます。ときどき「辞書を引くと、○○という日本語訳が出ているのですが、そもそも○○って何ですか？」とご質問を受けることがあります。

この段階まできたら、いや、その前からでも**英語の勉強に並行して日本語で知識を深め**

る習慣をつけていると、英語力がグンと伸びます。具体的にはニュースを見る、新聞を読む、ビジネス誌を読むなどですが、それ以外の幅広い読書も役に立つでしょう。

通訳者のコーディネーションをする会社を経営しているかたが書かれた本で、第一線で活躍している通訳者たちが普段している勉強について紹介している部分がありました。神業としか思えない同時通訳をこなしている通訳者の勉強内容と勉強量は思っていた以上にすさまじいもので、そのほんの一部だけをご紹介しますと、

・"TIME" "Newsweek" "The Economist" といった英語の雑誌を定期購読し、毎週それぞれ10ページは必ず読む
・毎日、"Newsweek" の英語版と日本語版を開いてサイトトランスレーションをする
・英語版の "National Geographic" を定期購読してトイレで読む
・NHKの19時のニュースを英語で聴く
・新聞の社説を、毎朝時間を決めて音読する
・"The Japan Times" を読んで、わからない単語を英単語ノートに書き写す

（『同時通訳者の英語ノート術&学習法』工藤紘実著　中教出版より）

お気づきのように、**通訳者の方々は英語の勉強のみならず、日本語の勉強もなさっています**。中でも、「新聞の社説を、毎朝時間を決めて音読する」というのは印象的でした。政治、経済、国際関係などに関わる日本語の言い回しを、目で見るだけではなく声に出して体で覚える必要があるのだと思います。こうしておかないと、いざというときにぱっと出てこない恐れがあるからでしょう。

昨年、長女が大学受験勉強中に、私が英語の長文読解を教えていたときのことです。芸術品の価値について論じる長文があり、Vermeerという固有名詞が出てきました。正確に言うと、Vermeer, a Dutch painterとなっていましたので、「オランダ人画家であるVermeer」ですね。

この英文は芸術品の真贋と価値について述べているとても興味深いものでしたが、長女はまったく意味がわからないと言います。「Vermeerというのは何のことだか？」と。

固有名詞の読み方がわからなくても、「オランダ人画家」というところからこのVermeerが歴史的な画家であるフェルメールを指していると類推でき、さらに贋作が多い画家である、ということを知っていれば、英文を理解するのにかなり役立ったと思います。フェルメールは日本でも人気がある画家ですから、美術に詳しくなくてもニュースなどに気をつけていればわかったかもしれません。先にご紹介した通訳者の勉強内容にしても、自然科学誌である〝National Geographic〟に目を通すということは、政治経済に限らず、広い知識を持っておくことが通訳に役立つということだと思います。

ビジネスということだけに話を絞ったとしても、ＴＯＥＩＣで高得点を上げるためにはビジネスで使われる言葉や背景を知っておいたほうがいいです。『即効　ＴＯＥＩＣテストビジネスシーンの背景知識』（WEBLIO）は、ＴＯＥＩＣの英文の背景を理解しながら読んでいく練習ができてお勧めです。

あと、簿記会計については英語・日本語の両方で理解をしておくと仕事で役に立ちます。会計用語はもともと英語でしたので、簿記の知識があるかたは、英文会計の勉強をすると会計知識の補強と英語力増強ができて一石二鳥でしょう。

29 話せる人は、見聞を広めて総合力を上げる！

30 話せる人は信じやすく、挫折する人は疑う。

「瞬間英作文トレーニング」という方法があります。森沢洋介先生が提唱なさっており、本もたくさん出されているのでぜひ手に取ってみてください。中学校レベルの単語、文型の英文を「日本語を見てすぐに英語にする」英語の筋トレです。森沢先生のお言葉を借りると、**「『よくわかっていること』を『できること』に変える」トレーニング**なので、単語の意味を考える必要がない、やさしい英語でやるところがポイントです。

私はこの方法を、中級以上の生徒さんにお勧めしています。はじめは「いまさらなんでこんなやさしい英語を」という顔をされる生徒さんも、一度やると「こんなにできないものなんだ」と、びっくりされます。**「わかっていることをできるようにする」というのは実はそれくらい難しいこと**なのですね。TOEICで800点以上取っているかたでも、いきなり出題されると「ええと、何だっけ?」と迷うことも多い。実際、these, those（これら、あれら／それら）をすっかり忘れていて、ショックを受けていた中級者のかたもいました。英語に堪能なご家族から、「それはとてもいい練習だから、やったほうがいいよ」と励まされたとか。

この「瞬間英作文」については、「やらないとならない」ということを比較的すぐに皆さん、理解するようですので、課題として出しても準備してきてくださいます。レッスンのときに確認テストというかたちで進捗も測れます。

しかし、「回数を決めてやってください」と、毎週課題として出してもなかなか進まないものもあります。代表的なのが本書でも紹介している音読と「写経」。いずれも効果がいろいろな先生がたによって実証されている方法であり、私自身もこれらの方法によって「救われた」ので、皆様にもお勧めしたいのですが、効果がすぐに目に見えて出るわけではないので、やっても続けられるかたはほとんどいないようです。

「音読や写経が続かない」というかたには「忙しい」「他にいろいろやることがある」などの理由だけではなく、「これをやって本当に効果が上がるのか、わからない」と思う気持ちもあるようです。「瞬間英作文」のように、毎日やればやるほど効果が上がっていくトレーニングと違い、自分でじっくり取り組まないとならないので難しいのでしょう。

こういうときに、私ははっきり申し上げます。「とにかく、信じてやってください。いまは信じられないかもしれませんが、それでも信じてやるしかないです」…きちんとやった人は救われます。

これは実は、英語学習すべてにおいて言えるような気がします。

英会話学校の初級者クラスに入ってやみくもに会話を始めるよりも、日本語文法を学んで英語に応用する、文型の知識をつける…というアプローチをとったほうが、大人には近道だよ、という話をしても、「そういう『学校英語』が役に立たないから英語が話せないんですよ」とか、「リーディングや文法はもうわかるからいい」など、「話を信じられない」かたもいます。やってみて損はないと思うのですが…まあそれはともかく、まずは先達の言うことを「信じて」やってみていただきたいと思います。Seeing is believing（百聞は一見にしかず）ですから。

信じてほしいお話をもうひとつ。どうしても勉強をやる気が出ない日、今日は時間がないし疲れているし…という日にお勧めしたいことがあります。それはおもむろに「写経」すること。普段とは違い、このときには無念無想で書き連ねても構いません。5分も10分でも、「これだけやったらおしまい」と決めて「写経」をする。これだけでも「英語に触れ続けることができる」という意味があるので、やらないよりマシです。また元気になってから、前向きに勉強すればいいのですから。

ここで申し上げた「瞬間英作文トレーニング」「音読」「写経」といった英語学習の「王道」は、「英語人生」を変える力を持っていますので、信じてくださったのならばやってみてくださいね。大事なことなので再度言います、**信じたものが勝ち**です。

30 話せる人は、とにかく信じる！

31 話せる人は習慣でできており、挫折する人は行動して満足する。

昨年の夏、何人かの受験生とともに過ごしました。中学3年生が2人、高校3年生が1人。いま思い出すと、よくそのときは時間をやりくりできたなぁと思うくらい、精神的にも大変でした。

受験生はみんな、学校に行って先生に言われたことをやっているほうが気持ちはラクと一様に言っており、自主的に勉強していくというのは本当に大変だなと同情したものです。どの生徒も必死に頑張っていましたが、この中の1人、中学3年生の女の子のことが特にいまでも印象に残っています。

彼女は5人兄弟（!）の真ん中で、兄が2人、弟が2人いました。もともと真面目に物事に取り組む性格で、勉強が嫌いなわけではなく、将来は保育士や介護の仕事をしたいというしっかりとした目標を持ったきちんとした子でした。けれども小さいときから自発的に勉強する習慣がなく、それに加えて女の子だからか家の用事や弟たちの世話（とてもよいお姉ちゃんだったのです！）に気をとられがちで、どうしても成績が上がらず困っていました。

そんな彼女が一番困っていたのは英語。どうしても、何度やっても覚えられないらしく、中学3年生の7月になっても、He go to school. I am eat dinner. などと書いており、「間違っているよ」と指摘されても「どこが間違っているのかがわからない状態」でした。

この状態で受動態やら現在完了やら説明してもわかるはずがないので、まず、最低でも中学1年生の内容だけでも…と夏休みは徹底的に基礎だけをやることに決めました。

そのときに使ったのが、『やさしく学ぶ英語リピートプリント 中一』（中島勝利著 フォーラムA）。このシリーズは中学2年、中学3年まであり、CDなどはついておらず、レイアウトや作りもまったく〝おしゃれ〟ではないのですが（笑）、シンプルに練習を繰り返すとても実利的な問題集で、「初歩の初歩」をやってみたいかた、書いて覚えたいかたには特にお勧めです。

当初はこの本でもわからなくて、何度も間違い、そのたびに自己嫌悪に陥りという状態が続きました。それでも根が真面目な彼女は毎日、私が課題として出した宿題をこなしました。「2分考えてわからなければ、答えを見ていいから」と言っておき、最後までいったら最初に戻る…と夏休み中繰り返して勉強しました。

「毎日課題・毎日繰り返し」が3週目に入るころから少しずつ変化が表れてきました。指摘されなくても動詞に三単現のsがついている。don't と doesn't の書き分けができる。Be動詞の活用の正解率が高くなるというように。

こうなると、当然ほめられます。彼女はぽつりと「なんだか、（英語の勉強が）面白くなってきた」…こうなればしめたもの。自分で「覚えよう」という気持ちになれれば、先に進むことができます。結果的に彼女は、私立高校に推薦で入学しました。

彼女を見ていて、私の大好きな言葉が思い浮かびました。

We are what we repeatedly do. Excellence, then, is not an act, but a habit.

ギリシャの賢人、アリストテレスの言葉です。「私たちは習慣でできている。だから、卓越とは行動ではなく、習慣なのだ」といった意味ですね。すぐには結果が出なくても、続けていけば（＝習慣になれば）物事が変わってくるということです。アメリカで広く知られている「21日理論」にあるように、**何事も21日続けば習慣になる**そうですから。

「そうはいっても忙しいし忘れがちだし」…はい、よくわかります。こういうときには記録をつけるのが一番です。手帳でもよいですが、アプリもよいものが出ています。

おすすめのタスク管理アプリはWay of LifeやStudyplusです。やることを可視化できて便利です。後者は「1人ではサボりそう」なかたにはお勧め。ユーザーのコミュニティができていて進捗を報告したり、コミュニティ仲間と励まし合いながら努力を続けていくこともできます。

すぐには結果が出なくても続けることが「できる」と「できない」の違いにつながります。ご自身が**続けやすいやり方でactをhabitに変えてしまいましょう！**

31 話せる人は、習慣のすごさと怖さを知っている！

32 話せる人は危機感を持ち、挫折する人は自分より話せない人を見て安心する。

英語に限らないと思いますが、**できる人ほど「できない自分で大丈夫か?」と考える傾向**があります。そして、できない人ほど、「いざとなれば通訳がいるし」「英語ができる人や英語ができる部下に任せればいいし」「アイツのほうが自分より下手だし」と安心する。心理としてよくわかります。

そもそも、「日本人で英語が必要な人は限られているから、無理してやる必要はない」という考え方があります。2011年に出版された、マイクロソフト株式会社元社長の成毛眞さんによる『日本人の9割に英語はいらない』(祥伝社)では、「高度なレベルの英語を仕事で使う必要があるのは1割の日本人しかいない」のに、日本人全員に英語が必要という前提に則って教育政策が立てられているのはおかしいという主張が展開され、教育界のみならずビジネスパーソンの間でも賛否両論が巻き起こり、論議を呼びました。

その後、言語社会学を専門としている寺沢拓敬先生が、同書の内容を検証し、「（挨拶などではなく）高度なレベルの英語を必要とする人は日本人の１割未満」と指摘されています。つまり、仕事レベルの英語が必要となる日本人は成毛さんがおっしゃる「１割」よりもさらに少ない、10人に１人未満であるということです。

しかし、寺沢先生が書いておられるこの小論のなかに、英語を学ぶ人にとって重要な指摘がありました。まとめさせていただくと、「日本人の就労者世代別英語使用率は、30代および40代にピークがある。これは仕事における英語使用に特徴的な傾向である。つまり、英語を必要とするようなどちらかというと高度かつ責任を伴う業務には、30代〜40代の壮年層が中心となって配属されるため、このような傾向になるのだと考えられる」

＊「日本は英語化している」は本当か？―日本人の１割も英語を必要としていない（「シノドス」２０１４・８・21）

これは確かにその通りではないかと思います。私の生徒さんでも、いま40代のかたで日本の会社に就職して20年余、「この先も自分は一生英語には縁がないだろう」と確信していたのに、勤務先が米国企業を買収して子会社化し、その管理を任されてしまったかたがいます。そのかたの上司である社長は英語が堪能ですが、経営陣は英語ができない人が大半。そんな中で、米国人の同僚と仕事をしていかなければならない状況となり、いま熱心に学んでおられます。

つまり、このかたは40代にして「日本人の1割未満（＝仕事レベルの英語が必要となる層）」に入ってしまったわけで、想定外の人生だったそうです。

これは決して他人事ではありません。私は、働いているかたはどなたも、この「1割未満クラブ」入りする可能性があるとにらんでいます。勤務先が外資系企業に買収されることもあれば、私の生徒さんのケースのように勤務先が海外企業を買収してしまうケースもあるでしょう。何が起きても不思議ではありません。

こんなときどうすればいいか。読者のかた1人ひとりの状況がわからないので、一般的な話になってしまいますが、「やるべきこと」を簡単にご説明します。この年代のかたであれば本当に忙しいことが多いので、まずは英語を思い出すことから始めます。『中1英語をひとつひとつわかりやすく。』（学研教育出版）などを使って**中学英語は復習するようにし、余裕があれば英検準二級くらいまでのレベルの問題を解けるように**しておきます（受験自体は忙しくてできなくても、この程度までは勉強しておいたほうがあとあと役立ちます）。

そのあとは仕事でよく使う言い回しや決まった言い方を学んでいきます。特に部門長ですと、スタッフを紹介する場面が多いので、「マーケティング担当の○○さんです」といった人物紹介の英語、会議の最初に議題を説明する英語、ビジネスプランを説明する英語などが必要でしょう。**TOEICを無理して受けるよりも、「会議などですぐに使う表現」を身につけていく**ことをお勧めします。

英語が必要となる日がいつきてもおかしくない時代です。「英語はできる人に任せればいい」という姿勢ではなく、常に危機感を持って来たるべき日に備えましょう！

32 話せる人は、臨戦態勢！

33 話せる人は悔しがり、挫折する人は切り替えが早い。

２０１５年世界フィギュアスケート選手権で、男子シングル銀メダルを獲得した羽生結弦選手に関する報道の中に、「『悔しい』23回のワケ〜羽生結弦　スケーターとしての覚悟」というものがありました。（２０１５年4月1日　NewsZERO）。

印象的な報道でしたので、ぜひご覧になっていただきたいのですが（YouTubeで見られます）、羽生選手が試合後４日間のインタビューや会見で発言した『悔しい』の数が実に23回だったとのこと。ご覧になるとわかりますが、真顔で「本当に悔しいです」「悔しいですね」「悔しい」「悔しかったです」…と本当に「悔しい」の連発です。

入賞を逃していたのであれば悔しがるのもわからないでもないです。しかし、世界選手権で銀メダルというのはむしろすごいこと。ご存じのかたが多いでしょうが、羽生選手はソチ五輪での優勝以降、数々のイベントやテレビ出演に追われ、シーズンが始まってすぐに試合前の練習で激突による怪我・手術・怪我…のオンパレードで、よくもまあここまでというほど、災難に見舞われたシーズンとなってしまいました。それでも、２位になったことをあれだけ悔しがる。だからこそあれだけの選手となったのでしょう。

これは英語学習でも同じだと思います。試験に失敗した、プレゼンがうまくできなかった、英語を使う会議で完膚なきまでに叩きのめされた…このようなことがあったとき、「ああ、もう勉強はやめよう」と思うのか、それとも「悔しい」「悔しい」「ああはならなかったはず」と自分自身に対して言い続けるのか。

「悔しさという感情に徹底的に向き合って、悔しさを決して忘れない」かたは、どんどん成長していきます。挫折を何度繰り返しても、そのたびに体勢を立て直しチャレンジできれば、飛躍するチャンスにめぐり合えるわけですから。

これが「ま、しかたないよね」「時間もなかったし」「部長も英語できないし」「また今度頑張ればいいか」「というか、英語なんかやる必要ないかもね」という人だったらどうでしょう。ある意味、「挫折がない人生」です。失敗したらそこでやめてしまうので。

「話せる人」は失敗や挫折経験をどう活かすかを心得ているようです。その第一のポイントが「悔しさを忘れない」こと。失敗したら「悔しい！」と思う。そして、ずっとその悔しさを反芻して、悔しさを忘れないようにする。そうしているうちに、ご自身の中で、**「今度はこうしよう」と、気持ちが〝前向き〟になるタイミングがくる**と思います。そのときに次のステップである〝作戦会議〟にいきます。

作戦会議は次のように行います。

「今回の失敗の原因は何か？」「いったいどこがいけなかったのか？」「単語がわからなすぎた」「長文問題を最後まで解けなかった」「勉強時間が足りなかった」「当日体調を崩してしまった」……。うまくいかなかったのには、いろいろな原因があるのではないでしょうか？

それを一つひとつ検証して、今度は失敗しないように、反省し計画を立てます。

「単語力が足りないのならばどの分野の単語をどのレベルまで、どう覚えていくか？」「長文問題を最後まで解けなかったのはなぜか？　単語なのか文法なのか、それともまた別の理由なのか？」「当日体調を崩してしまった理由は？」……と。

こういうときに記録をつけていればそれが活きてきます。

この作戦会議での反省は、失敗した経験があるからこそ得られる財産ではないでしょうか。挫折をしたからこそ得られた貴重な財産を活かせるのは、挫折した人間だけです。

羽生選手は最後にこう語っています。「自分自身を高めることができるのは、自分でしかない。だからこの悔しさをバネに、一歩ずつでも進んでいけたらいい」。20歳の青年が語ったこの言葉の重みを感じる、今日この頃です。

第5章

資格試験 編

34 話せる人は「MY試験」、挫折する人は流行りの試験。

ビジネスパーソンの中でポピュラーな英語試験はTOEICだと思いますが、生徒さんで、「TOEICのリーディングで果てしなく続く『広告』を読むのがうんざり」というかたがいました。TOEICのパート7は長文問題の嵐ですが、ビジネスのための英語ということで、売り込みの手紙や広告が確かに多いです。エンジニアの彼女にしてみれば「会社で義務づけられているからTOEICを受験したけれど、この問題は私には押しつけがましくて耐えられない」とのこと（笑）。

以前、「年配の医師のかたがTOEFLの勉強をしたいので、英語講師を探している」という講師募集案件を見たことがあります。TOEFLはTOEICと違い、主に米国の大学・大学院に入学を希望する人は必ず受けないとならない試験で、大学教養課程レベルの教科書がリーディング問題に出たり、講義の内容がリスニングに出たりするなど、TOEICとはまったく違う傾向となっています。先ほどの募集案件には、学習動機として「自分の興味と一番一致する試験がTOEFLなので、勉強してみたいと思った」となっていました。

このように、自分の興味や必要性に沿った試験を目標とすることは大切です。ビジネスの世界にいるかたはTOEICが大切になるとは思いますが、だからといって**英語初心者のかたがいきなりTOEICを受けても落ち込むだけ**でしょう。あの試験は、定められた時間内の英語処理能力を測るものですから、精神的・肉体的に大変なのです！

それでは、主にスピーキング能力を測りたいかたはどのような試験を選ぶとよいでしょうか。TOEICのスピーキング＆ライティング試験であればスピーキング力を測ることができますが、受けられる日程に限りがありますし、ライティング試験がいやで二の足を踏んでいるというかたもおいでですね。

生徒さんから「スピーキング力アップの目標とできる受けやすい試験はないでしょうか？」と聞かれたことがあります。これは、〝手軽〟かどうかわかりませんが、申し込みをすれば好きな日時に、電話で受験できる「ヴァーサント」というテストがあります。米国大使館をはじめ、多くのグローバル企業で採用されているスピーキングテストです。

まず公式ホームページ（http://www.versant.jp/）にアクセスします（代理店のひとつがhttp://www.versant.co.jp/のアドレスを持っているので要確認）。公式からは個人の受験申し込みができないので、「お申込について」にあるいくつかの代理店サイトから選んで受験申し込みをします。２つの種類があり、点数が出る「ヴァーサントイングリッシュテスト」と、簡便版で点数は出ない（試験内容がいくつか省略されており、六段階のレベル判定が出る）「ヴァーサントイングリッシュレベルテスト」があります。「レベルテスト」のほうが値段は安いのですが、代理店によってはメインの「イングリッシュテスト」しか受けつけていないことがあるようです。「とりあえずどんなものか試してみたい」という場合には「レベルテスト」を受験してみるのも一案だと思います。

申し込み、支払いが終わるといよいよ電話かコンピューター上で受験することになります。約15分（レベルテストは10分）で終わり、テスト結果はその日のうちに確認できるので結果を待つイライラもありません。

もちろんこれも、「音声を録音して判定してもらうテスト」ですので、実際のコミュニケーション力とは「目のつけどころ」が若干違うかもしれません。しかし、逆の言い方をするとアイコンタクトやボディランゲージなどに頼らない、真の「英語スピーキング力だけ」を測ることができるテストと言えるでしょう。スピーキング力が必要なかたにはお勧めしたいテストです。

「ヴァーサント」は録音された音声でスピーキング力を測りますが、面接官と直接話すインタビューテストがあるのは、英検と、主に英国の大学に入学するとき必要とされるＩＥＬＴＳ（アイエルツ）です。**ＩＥＬＴＳは必ずしも留学を目的としないかたでも受験できる版もあり、リーディング・ライティング・リスニングに加えて、面接官と直接話すスピーキングもあるため、正確な英語力が測れると最近人気が出てきています。**英検に比べると高額な受験料が玉にキズですが…。

「あの人が受けるから私も」「流行っているから」という理由ではなく、ご自身に合った試験を受けて定期的にレベルチェックをするといいですね。

34 話せる人は、安易に流行りに飛びつかない！

35 話せる人はＴＯＥＩＣはテストだと割り切り、挫折する人はＴＯＥＩＣ800点ならペラペラだと思う。

英語の試験といえばＴＯＥＩＣですね。書店に行けばＴＯＥＩＣ本はあふれかえり、どのＴＯＥＩＣの本を選ぶべきかという「ＴＯＥＩＣ本のガイド本」があるくらい（笑）。「役職者は全員○○点以上」とノルマを課している企業も多いですし、就職・転職のときには「○○点以上」でないと、書類さえ通らないというのが現実です。

中には、英語をそれほど使うとも思えない職場でＴＯＥＩＣの点数を要求している場合があります。これはおそらく、点数で応募者の選別をしているからでしょうが、「さしあたって英語を使わなくても、できればそれに越したことはない」という判断でしょう。

私も生徒さんになるかたには「ＴＯＥＩＣスコアはどれくらいですか」と点数を伺います。なぜなら、たいていのかたが受けた経験があるからで、それまでの英語学習経験が透けて見えるからです。

ＴＯＥＩＣの点数で測れるのは、「これまでどれくらいの勉強をしてきたか」という知識と経験の蓄積です。つまり、特に対策などしなくても、これまで英語を使った仕事をしてきたかたや、勉強を「きちんと」してきたかたはそれなりの点数が出ます。「きちんと」を具体的にいえば、細部に目を配って「きちんと」読もうとしてきたか、聴き流しではなく「きちんと」英語を聴いてきたかです。ですから、英語会話に不自由していないというかたでも「きちんと」勉強していないと点数が出にくい場合もあります。

つまり、英語学習の目的がＴＯＥＩＣの目指すところと違うかた、たとえば英語で質問されたとき、反射的に英語で適切な返答ができればいいというかたがＴＯＥＩＣの勉強をするのはあまり得策ではありません。言い換えると、英語能力というよりサバイバルイングリッシュともいうべき「文章になっていなくてもいいから話したい」というのが英語学習の目的であれば、ＴＯＥＩＣを受ける必要もないですし勉強する必要はないのです。

ＴＯＥＩＣは「これまでの勉強の成果を測る」試験であって、勉強というより生活で覚えた会話能力は測れないことを考えると、ＴＯＥＩＣ８００点のかたよりも、ＴＯＥＩＣ

の点数は低いけれど何年も海外にいて英語で生活してきたというかたのほうが「ペラペラ」であるのも不思議はありません。

しかしながら、ＴＯＥＩＣの点数と会話能力にまったく関係がないかというとそうとは言い切れず、私見ではある程度点数と会話能力が比例している、つまり、**「点数が高ければ高いほど、英語で話すことを苦にしていない」傾向がある**ように見えます。

つまり、８００点の人と６００点の人とでは話す力にも差があることが多い。さらに言うと、８００点超えの人と８００点未満の人でも差があるように思います。この差は何なのか、私にもよくわかりませんが、コンスタントに８００点超が取れるかたは、英語の「ロジック」というか、英語の考え方に慣れていることが原因ではないかと思っています。

ＴＯＥＩＣを受ける際には以上のことを把握してから準備されるといいでしょう。ＴＯＥＩＣ準備については、「公式問題集をやる」が定石とされています。私自身はあの問題集は値段が高すぎると思っていてやったことはないのですが（笑）。

それだけでは準備が足りないと思われるかたは、ここでお名前を出すのは控えますが、最近ではTOEICエキスパートが何人もおいでで、問題集をたくさん出されています。

私は大学時代に英語授業でお世話になったロバート・ヒルキ先生監修の模擬試験本を使ってよかったのですが、他人の評判に頼らずご自身で店頭で見てみて、自分と合いそうな問題集を数冊選んでやるといいと思います。このとき、**「同じ著者のかたによる本を数冊」ではなく、複数の著者によるものを選んで、多角的な視点から攻めるのがお勧め**です。

35 話せる人は、「テストは賢く使うもの」と知っている！

36 話せる人は英検で語学力を高め、挫折する人は「英検は時代遅れ」と言う。

転職を考えて人材紹介会社に行き、履歴書を提出したら「英検ではなくて、TOEICを受けてください」と言われるかたが多いようです。中には「これから英検準一級を受けます」と担当者に話しても軽くあしらわれたという経験があるかたもいて驚きます。

ことほどさように、いまでは「TOEIC万能」主義で、それ以外は目標とするにも及ばないという変な風潮となってきているようです。しかし！ 本当の意味で英語を身につけようとお考えのかたは、英検を外さないほうがいいです。

理由は、**英検がいわゆる「総合的な英語力を測ることができる試験」**だからです。三級以上では面接試験がありますし、準一級以上は英作文があります。また、英検はビジネス寄りの試験ではなく、バラエティ豊かな一般教養の英語が問われます。長文の内容が若干科学ものと環境ものに偏っているかなとも思いますが、教養ある大人として関心を持つべき内容の文章が多いですし、英検に出てくるぐらいの単語は覚えておいたほうが、ニュースなどを観る際にも便利だと思います。基礎を見直し、専門英語（ＴＯＥＩＣも専門英語です）に進んでいく土台作りに英検は最適です。「英検なくして専門なし」です。

また、意外に知られていないことですが、**英検は問題を持ち帰っていいので、あとから見直しができます**。合否を見るためだけではなく、後学のために間違った問題を確認できるのは、英検が「英語力向上」を意図した試験だからでしょう。**ＴＯＥＩＣは問題を持ち帰れませんので、この「復習」ができません**。

英語を久しぶりにやるかたが、ＴＯＥＩＣにいきなり取り組んでほとんど点数が取れなくてがっかり…という話はよく聞きます。ＴＯＥＩＣは「その時点での英語力がどれくらいか」を負荷をかけて判断する試験なので、いきなりやるには体力的にも少ししんどいですし集中力が持ちません。私は生徒さんには、「英検二級まで合格してからＴＯＥＩＣに進むといい」と言っています。言い換えると、**英検二級くらいの力がないとＴＯＥＩＣを受けてもあまり意味がない**ということです。

というわけで、英語を長年やっていないが、できるだけてっとり早く形にしなくてはならないというかたには、実際に受験するしないにかかわらず英検対策から入るのが最もお勧めです。

まず、英検のウェブサイトで過去問題を見て「スタート地点」を決めます。四級、三級、準二級のいずれかになると思います。自分の実力より少し「簡単だな」と思えるところを選んでください。

級を決めたらまず時間を計ってやってみます。音声もウェブから聴けるようになっているので、リスニングも忘れずに。採点してみて、5割前後取れる級であれば、準備すれば合格できますのでそこをスタートとして、勉強を始めます。

出題構成はどの級もよく似ていて、大問一で四択の単熟語が出ます。この問題は知らなければ解けないので、知らない単語や熟語が出てきてしまったときは時間をあまりかけないようにします。ここに出てくる単語は大事なものばかりなので、知らないものがあれば正解だけでも必ず覚えてください。そのあとは級によりますが、三級から二級までに登場する、「単語を並べ替える整序英作文」は苦手とするかたが多いので、「答えが合っていればいいや」ではなく、自分で何度も正解の英文を書いてみて覚えることをお勧めします。

英検は、二級で長文問題が一問増えるため、時間が足りなくなることが多く、ぐんと難しくなります。自分の現在の実力がどの辺りなのか、「二級合格に近い準二級レベル」「ぎりぎり二級に合格できるレベル」など、二級に照準を合わせて把握しておくとそのあとの勉強計画が立てやすくなります。

英検準一級となると、英会話学校で講師ができるレベルで、「英語ができます」と胸を張って言えるでしょう。面接でも高度な会話力が問われ、ＴＯＥＩＣ８００点程度では準一級合格は難しいと言われています。最終目標を英検準一級合格に置いて努力するのはいかがでしょうか？ 英語の勉強をし、級が上がる過程でＴＯＥＩＣの点数や総合的な英語力も上がっていくことはまず確実です。

36 話せる人は、英検で英語の総合力をつける！

37 話せる人は過去問から入り、挫折する人はまずテキストを開く。

試験の話をもう少し続けます。英語に限らず、「勉強しよう！」と決めるとまず書店に行き、テキスト（参考書）を買ってくるかたが多いのですが、この項目で言いたいのは「テキストをなるべく使用せず、いきなり問題演習から入りましょう」という提案です。

英検であれば、まずおすすめは『ｘｘ年度カコタンＢＯＯＫ付き英検○級過去問題集』（学研教育出版）です。五級から二級まであり、毎年更新されています。過去5回分の一次試験問題、過去3回分の二次試験問題、リスニングと面接音声のＣＤ、よく出る単語を一覧にした「カコタン」小冊子がついています。何が便利かというと、「本のサイズが大きい」こと。ほぼＡ４サイズで、勉強しやすい大きさです（これ、重要です！）。ＣＤもセットで入っているので、これ1冊で対策ができるというすぐれもの。また、解説も詳しく、問題集と同じくらいの厚さの解説本がついています。

「英検ウェブサイト」の過去問題をやってみて、ご自身がどのくらいのレベルかを判定してから、相当する級の本を買ってやってみるといいです。ここでも、まずはご自身の受ける級よりも少しやさしめのところから入ると無理なく続くでしょう。

ご自身の実力よりも高いレベルの級を受ける、というときに「もう少し詳しい説明を読みたい、戦略を知りたい」「過去問だけではなく、テキストもほしい」ということであれば、『図解でわかる！ はじめての英検○級総合対策』（アスク）はどうでしょうか。こちらは五級から準一級まであります。各問の目標解答時間、想定合格ライン、問題の傾向などが詳しく出ています。「合格攻略本」ということで、問題の解法やコツなども詳しく説明されています。次女に使わせてみたのですが、解説がすぐ隣りのページについているので使いやすいらしく、自分1人で学習を進めていくことができました。字も大きくて読みやすいよい本です。

ただ、このようなテキストや攻略本を1冊目にすると、説明が多過ぎてかえって全体像がわかりにくいようです。**まずは過去問に当たってみて、「全体を見渡してから」、テキスト・攻略本を使うほうがいい**と思います。それも、攻略本は全部やる必要はなく、苦手なところだけで構いません。また、「模試」「予想問題」などは本番と少しレベルが違うことがあるので、余裕があればやるべきですが、「大変だな」と思ったらやらなくても構いません。

この、**「過去問を最初にする」というのは、自分で自分がこれから向かう方向を知るという点でとても重要な作業**です。このときには間違っても構いませんし、点数が低くても気にする必要はありません。「ゴール」を見て、自分がそこに到達するまでにどれくらい足りないかを知ることが目的なのですから。

過去問を解く際のコツとしては、やりっぱなしにはせず、必ず繰り返して満点近く取れるようになるまでやることとです。長文問題は音読の材料にするといいですね。英検で出題される英文は、教科書などで使われるような書き英語で、1文の長さが相当長いものも見受けられるため、きちんと文法的に理解しない「ごまかし読み」をしていると、本番の試験で出題されたとき読めなくなる可能性があります。

TOEICについていえば、「公式問題集」をまずはやってみるといいと思います。「公式問題集」を解いて、「こういう問題が出るな」という全体像把握をしたあとは、ご自身で他の問題集を2冊ほど選んでやってみましょう。その際、間違った問題は必ず見直す（特にパート5の文法問題は要注意）、リスニング問題を「スルメのように」聴くという作業を繰り返すことが重要です。

多忙な生活の中で試験勉強を続けていくためには、無駄な時間を少しでも減らすこと。まず過去問から入るというルールを覚えておいてください。

37 話せる人は、戦略を立てて試験を受ける！

第6章

リーディング&ライティング 編

38 話せる人は手と口を使い、挫折する人は目と耳だけを使う。 〜その一〜

この項目の内容に関しては、今回書こうかどうか迷いました。このやり方をお教えすると、英語講師は「商売あがったり」になってしまうほど（笑）、これは英語のリーディング・リスニング・ライティング・スピーキングの全4技能をバランスよく上げていく方法として知られています。

それは、いわゆる「写経」と「サイトラ」と呼ばれる方法です。前者は文字通り、英語のテキストをそのままノートや紙に写していくこと。「サイトラ」はサイト・トランスレーションの略で、英文にスラッシュ（／）を入れながら頭から日本語訳をしていくものです。

まず、「写経」を紹介しましょう。これは、英語の力があまりないかたがやっても効果が出やすい方法です。仕事のために英語をやらないとならない、試験で合格したい…といった理由で、覚えなければならない英文がたくさんある状態とします。

〈「写経」のしかた〉

①A4サイズの紙を用意し、縦半分に折って左側半分に「覚えなければならない」英文の簡単な日本語訳を書いていく

和訳のテストではないので、きちんとした日本語にしなくても大丈夫です。英語を一からやり直すというかたであれば、教材として中学生英語のワークの英文（『中1英語をひとつひとつわかりやすく。』学研教育出版）などをお勧めします。

②紙の左側に日本語訳が揃ったら、テキストを見ながら右側に英文を写していく

冠詞などの細かいところにも気をつけて、英文を写していきます。

③日本語訳だけを見て、英文を書けるようになるまで練習をする

②の作業が終わったら、翌日に（必ずしも翌日でなくても構いませんが、忘れないうちに）英文と日本語が書いてある紙を真ん中から折って右半分の英文が見えないようにして、左側に書いてある日本語を読み、対応する英語を別紙に書いていきます。

「写経」は決して漫然とやらないで、「どうしてこうなるのだろう」と自分自身に問いかけながら書いてください。主語がこれ、述語がこれ、述語にかかる副詞がこれ、前置詞があるからこの直後は名詞か動名詞…などと考えながらやります。また、一度きりで終わりにせず、「覚えなければならない英文ひとつにつき最低5回は『写経』する」段取りでやってください。

「写経」を続けていくうちに、**「日本語は述語が後ろ、英語は述語が前」などのお約束が見えてきます**。また、「take care of か、この組み合わせはよく見るなあ」など、英語の決まった言い回しに慣れてきます。そうなったらしめたもので、英語や英語の思考法が少しずつ頭に染み込んできている証拠です。

この作業を信じて続けて2ヶ月、「(ご本人いわく) 今回はちょっと難しいかな」と思っていた試験に合格した生徒さんもいました。ご自身の実力が合格までには少し足りないと考えていたそのかたは、コンピューターの表計算ソフトで「写経」用の紙を作り (2列のセルの左側に日本語訳が入っていて、右側はブランクにしてあるもの。これを何枚もコピーして作成していました!)、毎日必ず「写経」をすると決めて続けているうちに、「ご本人も気づかないうちに」書けるようになっていたそうです。不思議なことに、続けるうちに「写経」していない「お初の」英文でも書けるようになってきたのこと。

おそらく、**「写経」のおかげで英語の感覚（いわゆる「英語脳」的なもの）が醸成されてきた**のでしょう。試験前は手首が痛み、知恵熱が出るほど頑張ったそうですが、この作業を通じて得た財産は計り知れないと話してくれました。

「一粒で三度おいしいサイトラ」は、次の項目で詳細をご説明します。とにかく、英語を「目と耳だけで学ぼう」と横着するのは、「挫折する人」路線まっしぐらなので注意しましょう。

38 話せる人は、手と口を最大限に活用する！

39 話せる人は手と口を使い、挫折する人は目と耳だけを使う。 〜その二〜

今度は「一粒で三度おいしいサイトラ」についてお話ししていきます。そもそもこの「サイトラ」は通訳の訓練に必ず入っているものです。「こんな難しいことできない！」とはじめは思われるかもしれません。しかし、私が紹介する「サイトラ」は、「まず英文から日本語訳を作る→日本語訳から英文を作って話す→日本語訳から英文を書く」という、ひと手間かかった分やさしくなっているやり方で、この思考訓練は英語を使ううえで必ず役立ちます。ぜひチャレンジしてみてください。

〈「サイトラ」のしかた〉

①「自分の実力よりもやさしい教材」を準備

ＴＯＥＩＣ６００点くらいであれば高校受験用の英語長文問題、５００点くらいならば英検三級の長文問題などがよいでしょう。はじめてするときは、全部で２００語くらいのもの）を短めの文章を選んでください。

②区切る

英文にさっと目を通し、意味の区切りのところで英文にスラッシュ（／）を入れます。この「意味の区切り」は厳密に考える必要はありません。下の例文では二通りの区切りかたを紹介しています。

③区切り和訳作成

スラッシュが入った段階で、「区切りごとの日本語訳」を作ります。これはきれいな日本語にしないほうがむしろよく、下の（A）の例だと「～のとき・彼が学生だった（とき）・彼は行った・フランスへ・何度も・学ぶために・フランス語を」と作ります。

②区切る

When he was a student, he went to France many times to learn French. という文を区切る。

（A）When / he was a student, / he went / to France / many times / to learn / French.

（B）When he was a student, / he went to France many times / to learn French.

（A）のように小さく区切っても、（B）のように大きく区切ってもOK。

④英→和（話す）

「区切り和訳」ができたところで、「英文を音読しながら頭の中で都度和訳《つどわやく》」をします。When と読んだら頭の中で「〜のとき」と考え、he was a student と読んだら「彼が学生だった（とき）」、he went で「彼は行った」、to France で「フランスへ」、many times「何度も」、to learn「学ぶために」、French「フランス語を」という具合です。

⑤和→英（話す）

④を何度かやったら、いよいよご自身で作った区切り和訳を見ながら（英語の原文は見ずに）、区切りごとに声に出して英訳していきます。「〜のとき」を見て when と言い、「彼が学生だった」を見て he was a student、「彼は行った」を見て he went…ですね。スラスラと言えるようになるまでは⑥にいってはいけません。

⑥和→英（書く）

ほぼつっかえずに英訳できるようになったら、日本語訳から英文を書く練習をします。それまで口頭でやっていた英訳を、今度は紙に書いていくわけです。このときには、冠詞や時制、単数複数など「細かいところも正確に」やっていってください。

⑦原文の完全再現

最終的には「オリジナル英文の完全な再現」ができるようになるまで練習します。口頭でも紙に書いても、オリジナル英文の完全コピーができればその課題は卒業です。

以上、面倒と思うかもしれませんが、練習しているかたはみな、「面白い。いままで何となくごまかしていたところや理解していなかったところまですべてクリアになったし、英文を本当に理解したと思う」と興奮して話されます。リーディング、ライティングに役立つのはもちろん、実はリスニングやスピーキングにも効果があります。英文のしくみがわかれば「次はこうなるはず」と予測をしながら聴けますし、話すときも、頭と体にしみついた英語を繰り出していけば、自分で意識しないうちに話せるようになります。この「一粒で三度おいしいサイトラ」は、やれば必ず効果が出ることを保証します。やればです。

39 話せる人は、手と口を使う威力を知っている！

40 話せる人は自分の興味に合わせた洋書を読み、挫折する人はディズニーに弱い。

海外旅行でハワイに行ったかたが、「英語の勉強のために！」と英語の本をたくさん買って来たそうですが、「荷物になっただけでまったく読めていない…」とぼやいていました。「もったいない、どんな本ですか？」と伺うと、子ども向けの絵本やディズニー映画の原作などだそうです。話はわかるし絵を見れば場面展開も読めるのですが、「案外難しい単語も出てくるし、話の筋はわかるから結局読む必要がないかな」という結論になってしまうとのこと。

実はこういうかた、多いのです。私が知っている英会話教室で、「英語の本を貸す」サービスがあるのですが、そこで、「多読の大切さはわかるのですが、子ども向けの本なのでいまひとつ興味を持てなくて…」とおっしゃる生徒さんにお目にかかったこともあります。

「英語の本を読む」というと、子ども向けの本を勧められることが多いようです。私が大学生のときにはイギリスの老舗出版社であるペンギン社から出ているパフィンブックスなどを勧められました。ただ、学校の課題以外は残念ながら1冊も読み通せませんでした。理由は「物語に興味がなかった」の一言に尽きます。

よく考えると、**ビジネスパーソンが「英語の勉強」だからと子ども向けの本を読むという流れのほうがおかしい**のではないでしょうか。普段はビジネス書に親しんでいるかたが英語だからといって急に子どもや学生向けの本を読むのでは「時間がもったいない」と思ってもしかたないと思います。「推理小説やミステリーであれば続けられる」という声も聞きますが、出てくる語彙《ごい》も案外難しいものが多いので、これらも好きなかたにしかお勧めできません。

そこで、いっそ**自分の仕事に関する本や雑誌を読む**ようにしてはいかがでしょうか？いまではアマゾンなどで手軽に、またかなりリーズナブルに洋書を買うことができるようになりましたし、電子書籍だと「試し読み」もできます。雑誌はウェブサイトでいくつかの記事を読むことが可能ですので、「これはいけそうだな」と思ったら、投資として定期購読することをお勧めします。

いわゆるビジネス系雑誌で私のお勧めは、Success Magazine（http://www.success.com/）とEntrepreneur（http://www.entrepreneur.com/）です。両方とも電子書籍で読むことができ、内容も「世界屈指の10人の起業家たちが行う朝の儀式」とか「55のビジネスアイディア」とか「成功者が『二度とはやらない』10個の行動」など、興味深く読める記事が多く面白いです。

また、トピックとしてはリーダーシップ関連の話にはわかりやすいものが多いようです。以前一緒に勉強していたビジネスパーソンが、勤務先から英語のリーダーシップ関連の本を必読図書として指定され、英語がそれほど得意ではない彼は「どうやって読み通そうか」と思ったそうですが、意に反して興味深くて面白い内容だったそうで、最後まで読み切ったと話してくれたことがあります。

この分野のお勧めは"Likable Leadership"(Dave Kerpen, Likable Publishing　電子書籍)です。ニューヨークの敏腕起業家であるDave Kerpenは読みやすい英語で含蓄のある話を次々に繰り出す筆力に恵まれたかたで、アマゾンのレビューでも高い評価を得ています。

同じ著者の"Likable Business"も超お勧めです。

ニュース分野では、定評のある"TIME""Newsweek"はかなり難しいので、あまり無理をしなくていいと考えています。いまでは**たいていの新聞や雑誌をウェブで読むことができるので、簡単に試し読み・つまみ読みが可能**です。盛大に浮気してご自身が読みやすい媒体を探すのがいいでしょう。ちなみに私は「シカゴトリビューン」がお気に入りです。

40 話せる人は、投資すべき本に時間を捧げる！

41 話せる人は中学英語を大切にし、挫折する人はビジネス英語にこだわる。

仕事で英語が必要となると、急に英会話学校のビジネスコースを受講したり、ビジネス英語本を購入するかたが多いです。でも、基礎がない状態で急にビジネス英語に飛び込むのは大変危険です。ここで一度振り返ってください。中学3年間で習った英語をきちんと覚えていますか？　それらを使いこなせますか？

これから説明するのは、継続して行えばほぼ間違いなくライティングだけではなくスピーキングにもリスニングにも効果があり、「しっかり話せますね」「きちんとした英語ですね」と外国人にも認められるという、「1回の努力で何度もおいしい」勉強法です。

〈中学英語のマスターのしかた〉

①音読

中学1年生レベルの短文集や、中学入門レベルの問題集を準備して、説明をざっと眺めて復習したら、そこに出ている問題文を音読します。この問題集類は「できるだけ薄くて、簡単なもの。例文がたくさん出ているもの」を準備してください。お勧めは『中1英語をひとつひとつわかりやすく。』(学研教育出版)です。CDがついているので、音声を確認しながらやるといいです。

重要なことは、漫然と読むのではなく、必ず日本語の意味を考えながら音読することです。そのとき、きれいな日本語にするのではなく、英語の語順の通りに前から日本語にしてください。たとえば、This is a good book. は「これは・である・よい・本」ですし、This book is good. であれば「この・本は・である・よい」です。What is this? は「何・である(か)・これは」としますし、I think that he will come soon. は「私は思う・(である、と)・彼は来るであろう(と)・すぐに」となります。自分自身に授業をしているつもりで、音読をしてください。

②問題集に出ている英文の日本語訳を見て、英語を作る練習

問題集の日本語はいわゆる「こなれた日本語」になっているので、いままでご自身がやってきた「語順通りの日本語」との距離を感じながら(「ああ、こういうふうなっ

くりになっていたんだな」と納得しながら）英語にしてみます。この作業は1日20分くらいでいいので、集中してやってください。電車の中でやるにもぴったりです。日本語を見た瞬間に英語が出てくるようになるまでやります。

参考までに、学年ごとに特に気をつけなければならない文法項目を挙げておきます。

中学1年生で扱う範囲では特に、be動詞と一般動詞の使い分け・疑問文の作り方・疑問詞がついた疑問文（特にhow many, how longなどのhow系）・名詞の複数形に気をつけてください。中学2年生では不規則動詞の過去形を根気よく覚えてください。さらに、不定詞と動名詞、補語を取る動詞（He looks happy. など）、比較級と最上級の部分が鬼門です。中学3年生になると、本当に難しくなってきて不規則動詞の過去分詞も覚えないとなりません。受動態・現在完了・後置修飾（現在分詞ingや過去分詞で名詞を後ろから修飾するもの）・関係代名詞については何度も何度も音読を繰り返してください。

なお、使用テキストは、学年別に分かれているもの（大人向けの「中学3年分の英語を復習する本」などではないもの）をお勧めします。合冊されているものは、説明が省略されていたり、急に難しくなったりで使いにくいことがあるので。この練習をしながら、音読や「写経」、実力を測るための試験などを受けていくと効果が倍増します。また、この作業をやりながら、ビジネスで使う単語や表現を覚えたければ、『イラストでわかるオフィスの英語表現』（ローレンス・J・ヅヴァイヤー　他2名著　IBCパブリッシング）などを使ってビジネスで使う単語や表現を覚え始めるといいと思います。この本はカラーイラストがついていてイメージが湧きやすいうえ、単語だけではなく文章でオフィス内で起こりうる状況が書いてあるので覚えやすくお勧めです。

「私が必要なのはビジネス英語だから」と、**中学校の英語をやらずにＴＯＥＩＣやビジネス英語のコースを取るかたもいますが、土台がないところに積み上げられるものはありません**。これは「急がば回れ」で真剣にやれば必ず成果が出ますが、1人でやり切るのは大変なので同僚や家族、友人と協力しあい、競い合いながらやるのもいいと思います。成果は請け合います！

41 話せる人は、中学英語をいちからやり直す！

42 話せる人はインターネットを活用し、挫折する人は翻訳ソフトからコピペする。

昨今の報道にあるように日本を訪れる外国人の数が増えています。かねてからの円安傾向と日本旅行ブームもあり、2015年4月はついに単月で170万人を超えたとのこと。最近ではいたるところで大きな荷物を持った外国人に出会います。

今年に入ってから何度か沖縄で、「英文メールの書き方」という講習を開催したところ、ホテル業界のかたが参加者の3分の1くらいを占めました。聞けば、「海外からメールで予約や問い合わせが入るので英語対応に困っている」とのこと。オンライン予約システムがあればそれで事足りるというわけではなく、私が聞いた話だけでも結婚記念日やバレンタインなど特別なアレンジメントを事細かに頼まれることがあるそうです。もちろん英語で。

こんなときに、「最近はネットで翻訳ソフトが使えますから何とかそれでやっている」というかたがいます。中にはネットで和文英訳して、それをそのままコピーペーストして問い合わせの返事にしているかたもいるようですが、Google翻訳をはじめとした**「××翻訳」は笑い話のネタにしかならない**といまだに言われているほど開発途上で、そのまま使うのは危険です。ミステリー作家であり英訳者の清涼院流水先生が、「私は彼女と昨日本屋に行きました」程度の英訳すら正しくできない翻訳ソフトをどうして信用できるかと書かれていましたが、本当にその通りです（ちなみに私がいまやってみると、I went in yesterday and her bookstore という謎の英文が出てきました）。

どうしても翻訳ソフトを使うことになるのであれば、「英語の文型にのっとった日本語」を入れるようにすると、若干いい結果が出ます。ここではGoogle翻訳で説明しますが、たとえば「明日迎えに行きます」とだけ入れるとI go to pick tomorrow. となります。そこで、あえて「私は」を日本語の冒頭に加えて「私は明日迎えに行きます」とすると、I will pick you up tomorrow. という正しい文が出てきました。どうやら「私は」が入ったことで、機械が対象者を「あなた」と判断し、「迎えに行く」をpick upという決まり文句だと考えたようです。「こう考えると機械翻訳もなかなかだな」と思ってしまいました。私は機械に甘いので…。つまり、最低でも「主語・動詞」と入れたほうが機械に「わかってもらいやすい」ようです。それでもかなり不自然な訳になる可能性が高いので、**ネットの翻訳ソフトを使うのであれば、単語単位で調べるくらいが無難**ではないかと思います。

では、インターネットがライティングにまったく使えないかというとそんなことはありません。いまの「明日迎えに行きます」であれば、普通のGoogle.co.jpのフロントページから検索窓に「明日迎えに行きます　英語」もしくは「明日迎えに行きます　英訳」と入れればウェブ全体から検索してくれますので、こちらのほうが翻訳ソフトよりよほど使えます。私も、ＩＴ分野の翻訳などではこの方法をよく使っており、たとえば「高可用性」という言葉がわからない場合は「高可用性　英語」と入れてウェブ全体から検索をかけます。そうするとHigh Availability, HAという英語と例文が出てくるので、やはりインターネットは便利です。

もっと込み入った内容、例えば業界の専門用語や表現などを調べたいときは、とっておきの方法があります。その調べたい業界にある会社、それもできるだけ大手で、「日本を代表するリーディングカンパニー」と呼ばれるような会社のサイトを立ち上げて、英語ページに切り替えるのです。**グローバルに事業を展開している企業であれば、必ず英語ページを作っていますから、そこから単語や表現などを〝借用〟します。**丸写しはしてはいけませんが、単語や表現だけでもかなり参考になります。

慣れてくると、さらに高度な使い方もできます。たとえばホテル業界にいて、キャンセル規定について英語で書きたい場合、「Cancellation policy」と検索すると、世界中のホテルのキャンセル規定が出てきます。URLを見てできるだけ信頼できそうな大手チェーンのページを見て表現を参考にすると、大きく間違えることはありません。

このようにインターネットをうまく活用し、ご自身のライティングスキルを上げていってください。

42 話せる人は、インターネット翻訳のツボをおさえている!

43 話せる人は日本語文法を学び、挫折する人は「述語って何？」と言う。〜その一〜

日本の学校を卒業したかたであれば、中学生のときに「国文法」を勉強しているはずです。私もウン十年前にやりまして、当時は何が何だかわかりませんでしたし、なぜいまさら日本語について勉強するのか疑問でしたが、いま中学生の生徒が国文法を泣く泣くやっているのを見ると「ああ、これはきちんとやっておいたほうが外国語の学習にも役立つな」と思います。国語の先生が『国文法をやれば英語の成績も上がるよ！』と言ってくだされぱいいのに！　と思うほどです。

というわけで、「英語をやり直すなら文法から」と思ってくださったかた、**まずは日本語で文法用語を覚えることからやるのをお勧めします**。本書は文法の参考書ではないので、とてもすべての項目を網羅できませんが、必要最低限かつ日本人がミスしやすいものを紹介します。

英語と日本語の文節の数

（A）「何が（は）・どうする」型→日英ともに２文節
私は・食べる＝I / eat.

（B）「何が（は）・何だ」型→日本語は２文節、英語は３文節
あの花は・きれいだ　＝　That flower / is / beautiful.
私は・会社員だ　＝　I / am / an office worker.
※ be 動詞はイコール（＝）の役割をしていることに注目！

生徒さんから「第二文型がわかりにくい」という声をよく聞くので、ここで説明させてください。まず、「主語」「述語」が何かというところから。主語とは「何は」「何が」のように「は・が」がつく名詞（＝ものの名前）です。「述語」は主語の状態や動作を記「述」する言葉で、普通、日本語では文の最後にきて、英語では主語の直後にくることになっています。

その、「主語」「述語」を組み合わせると文ができます。日本語では「何が（は）・どうする」「何が（は）・どんなだ」「何が（は）・何だ」の３種類の文が基本とされています。「私は・食べる」「あの花は・きれいだ」「私は・会社員だ」のように。

ここからが本題です。図の（A）を見るとわかるように日本語と英語では、「何が（は）・どうする」は文節数が同じなのですが、（B）になると文節の数が違ってきます。（B）の英語を見てお気づきでしょうか？　主語「何が（は）」のあとに、日本

語にはない、いわゆるbe動詞と言われるものが入っていますね。これが日本人の私たちにとって、be動詞がわかりにくく、入れるのを忘れがちになる理由です。

（A）の文、「私は・食べる」＝I eat. では、日本語と英語がほぼ一致しています。eatは一般動詞と呼ばれる言葉で、日本語で語尾を伸ばすと「う」になる言葉と考えるとわかりやすいです（『食べるぅ』『考えるぅ』『思うぅ』…）。つまり、主語＋動詞で文が成り立っているという説明ができます。これが英語で言う第一文型（S＋V）です。

では、「あの花は・きれいだ」「私は・会社員だ」はどうでしょうか？ ここでは述語は、主語の状態を表しています。主語である花が「どんなだ」、主語である私が「何だ」、つまり主語＝述語という関係になっています。勘のいいかたはもうお気づきですね、英語では＝（イコール）の部分がbe動詞に当たります。つまり、英語で「何が（は）・どんなだ」「何が（は）・何だ」と言いたいときには必ずbe動詞が必要で、be動詞が主語と述語をつないでいるのです。

このときの述語は日本語でいうと形容動詞（『〜だ』）ですが、形容詞（『〜い』）で終わる言葉。高い、安い、かわいい、など）のときも事情は同じです。たとえば、That mountain / is / high.（あの山は・高い）と、やはり英語ではbe動詞が主語と述語を結ぶ役割を果たしています。これが、be動詞が「連結動詞」と呼ばれるゆえんです。

このような主語＝述語となる文では、述語は名詞（会社員＝an office worker）か、形容詞（きれいだ＝beautiful、高い＝high）を含んでおり、この名詞・形容詞が「補語」と呼ばれるもの（英語ではC）です。

要するに、主語＝述語となる文型、日本語で言えば「何が（は）・どんなだ」「何が（は）・何だ」にあたる文型が、英語で第二文型（主語＋動詞＋補語、S＋V＋C）と呼ばれるものです。そして、主語と述語を結ぶ「イコール」に当たるのが連結動詞と呼ばれ、be動詞がその代表選手です。

ここまでの説明で、英語の前に国文法の知識をつけておいたほうが、英文法を学びやすいことに気づいていただけたと思います。

43 話せる人は、「国語」が得意！

44 話せる人は日本語文法を学び、挫折する人は「述語って何?」と言う。~その二~

もう少しだけ、国文法の話を続けます。**英語を理解するには、日本語文法の知識も学びつつ勉強したほうがわかりやすい**ので、私はたいてい、新しい生徒さんにはこれらの説明からします。

まず、目的語というとても大切な言葉から説明します。目的語とは日本語で「を」「に」に当たる言葉です。さらに、「人」を示す直接目的語、「モノ」を示す間接目的語に分けられるのですが、これは覚えなくてもあまり困らないので省略します。

そして、述語の中心とも言える動詞は、「何が(は)・どんなだ」「何が(は)・何だ」を表すときに使うbe動詞以外に、「何が(は)・どうする」の「どうする」を表すものがあります。これが一般動詞とよばれる動詞で、目的語を必要とするか否かによって自動詞と他動詞に分けられます。

自動詞は目的語を必要としません。例を挙げると swim, fly, go のような動詞です。つまり、I swim. /You fly. のように、**「これ以外に何も言わなくても」意味がわかる文を作れる動詞が自動詞**です。

これに対して他動詞は、目的語を必要とします。「必要とする」というのは、動詞に続けて「~を」と言わないと、何となく座りが悪い文になってしまうと理解いただければ十分です。代表的な他動詞は have/has で、I have.（私は持つ）や He has.（彼は持つ）では、「いったい何を持つのか」気になってしまいませんか？ このように、**目的語「~を」がないと気持ち悪い動詞が他動詞**です。そして、I have a dog. She has a cat. のように主語＋動詞＋目的語（S＋V＋O）となっている文が第三文型です。

他動詞には、「私は・あげる・彼に・本を」のように目的語を2つくっつけることができるものもあります。英語にすると、I give him a book. で、「人」を指す目的語が前にきます。この主語＋動詞＋目的語（人）＋目的語（もの）が第四文型と呼ばれるもので、I send you a letter. なども同じ形です。

第五文型

・I keep my room clean.

私は・保つ・自分の部屋を（目的語）・きれいな状態に（補語）

・I made him a doctor.

私は・作った＝した・彼を（目的語）・医者に（補語）

さらに他動詞には、目的語と補語をつけられるパターンもあります。たとえば、「私は・呼ぶ・彼を・トムと」を英語にするとI call him Tom. ですね。これが苦手なかたが多い！これは第五文型と呼ばれるもので、主語＋動詞＋目的語＋補語の組み合わせとなっています。「補語は主語とイコールで」と先ほど書きましたが、目的語とイコールになります（ここではhim ＝ Tom）。確認のために、第五文型の例文を上に2つ挙げておきます。

あといくつか、説明したいことがあります。まず副詞から。先に出てきた形容詞とは、名詞を修飾する（＝飾る）言葉です。「高い山」「美しい花」のように、あとに名詞が続きます。対して**副詞は、名詞「以外の」すべての要素を修飾できる言葉**です。つまり、動詞でも形容詞でも副詞でも文全体でも構いません。

最後に、英語文法にある前置詞についてもひとこと。これ、読

副詞は名詞以外のすべてを修飾できる

・I am really happy. 私は・本当に（副詞）・幸せである
→ really が happy を修飾
・He can run very fast. 彼は・走ることができる・とても
・速く（very と fast の両方が副詞）
→ very は fast を修飾、fast は run を修飾

んで字のごとく「前」に「置く」言葉です。何の前か？というと「名詞の前」です。おなじみのof, to, from, at, onなどは名詞の前にしか置けません。「でも、『楽しみにしている』はI look forward to going to France, と、toに動詞が続いていますよね」とご質問いただいたことがありますが実はgoingのように～ingがついた動詞は「現在分詞」というもので、動詞ではありません。ここでは現在分詞が動「名詞」となっているので、お約束通り、「名詞の前に前置詞to」となっています。

最低限知っておくべきことをご説明してきました。
英文法をいきなり勉強するより、国文法の知識を動員するほうが効率的です。ぜひこの機会に文法に親しんでください。

45 話せる人は細かなミスを気にし、挫折する人はミスを許容する。

「英語は通じればいい、そもそも日本に来る外国人は日本語を話すべきだし」という極論をいまでも聞くことがあります。英語を話すにしても大きな声ではっきりと話せば通じるのだから、細かいことは気にしないでどんどん話せばいいのだと。

確かに、職業によってはそういうこともあるでしょうし、街で通りすがりの外国人に道を教える程度であればそれでもよいでしょう。問題は、仕事として英語を使う場合です。日本人同士で、日本語をきちんと使えない人をビジネスパートナーとして信頼できますか?「出れる」「食べれる」「全然いいっすよー」と平気で言うような人が、仮にいくら仕事ができたとしても、ビジネスパーソンとして見なされないのと同じです。

現在では、好むと好まざるとに関わらず英語が世界語として使われるようになっています。そうであれば、上手か下手か以前に、**流暢ではなくても英語を丁寧に話し、書ける人**

のほうが信頼を得るのは当然でしょう。ここでは、最低限気を使うべきことを確認します。

まず、**英語は述語、特に動詞がとても大切な言葉**とされています。ですので、動詞に気をつけるようにするとすぐに変化が現れます。動詞現在形の三人称単数のｓを忘れないこと、過去形と過去分詞を正しく覚えること。

いまさらではありますが、三単現のｓには主語がhe, she, itのように「私・あなた以外の単数になるときには動詞にｓをつける」という単純なルールがあります。しかしながら、これを忘れるかたが多い。特に関係代名詞のあとなど、少し位置が離れたときについうっかりということがあるようです。

例えば、The man who works（work は間違い）here is intelligent. の三単現のｓは、日本人にはなじみがないために忘れやすいのですが、英語のネイティブからみるとかなり違和感を覚える間違いだそうです。こんなところで印象を悪くするのはもったいないため、書いた文は念には念を入れて見直しましょう。

間違いやすい動詞

「売る」の過去形・過去分詞は sold　× selled
「支払う」の過去形・過去分詞は paid　× payed
hear の過去形・過去分詞形 heard の発音は「ハァド」×「ヒアド」

過去形、過去分詞の誤りでとくに見られるものを図にまとめたので確認してください。

それから名詞。中学1年生で習う、形が変わる複数形を忘れることが多いです。例えば man → men で woman → women（発音はウィメン）ですね。そのあとに s をつける間違いも見ます（mens, womens は間違い）。これは「男性たちの・女性たちの」という意味として men's もしくは women's と書くならば正解です。

意外に知られていない、使い方を間違いやすい単語に sales（売上）があります。これは sale の複数形ですから「売上は5％上昇した」は Sales were up by 5%. と be 動詞は複数形 were にしなければなりません。

あと、名詞では数えられる名詞と数えられない名詞があることを「名詞に出会うたびに」意識することです。たとえば、money は一般的に「お

at時間、on曜日・日、inそれより長い単位」

at	時間	at four o'clock /at 4 a.m. /at 6 p.m.
on	曜日・日	on Monday /on July 12 /on 12th July /on the 12th
in	月・年	in November /in winter /in 2012 /in the future

金」という場合には数えられない名詞（不可算名詞）なので、moneys/many moneyとは言いません（「たくさんのお金」はa lot of money）。

前置詞は、数が多いのでよく使うものを復習しておきましょう。特に、会議やアポイント依頼など、時間表現は使用頻度が高いものです。図のように「at時間、on曜日・日、inそれより長い単位」と暗唱すると便利です。なお、「先週」「先月」「次週」などと言うときにはinはつけません。We met last week. I will visit Tokyo next month. のように使います。「細かいなあ」と思われるかもしれませんが、日本語でいえば「てにをは」ですので、最低限のルールは知っておくべきです。

英語は細かい部分まで気にすることで「丁寧な英語」になります。ビジネスの現場であなた自身の印象をよくしてくれるので、細かすぎるくらいに学ぶのが丁度よいでしょう。

45 話せる人は、「流暢」より「丁寧」にこだわる！

46 話せる人は時制を考え、挫折する人はすべて現在形で話す。

生徒さんから、恐ろしい話を聞いたことがあります。そのかたは大学卒業後、イギリスに短期留学をしたことがあり、現地の学校でイギリス人の先生に3ヶ月ほど英語を習ったそうです。そのときにその先生から、「時制の使い分けができるかどうかで、私たち英語のネイティブスピーカーは知性を判断します」と言われたとか。恐い話ですが、動詞を中心にしたきめ細かい時制を持つ英語人らしい考えだなあと思った次第です。

日本語にも時制はありますが、英語とは事情が違って文脈や副詞で「いつの話をしているか」を判断します。たとえば、「その件、いつ話す？（＝現在形だけど未来のこと）」「じゃ、明日そっちに行ったとき（＝過去形だけど未来のこと）話すよ（＝現在形だけど未来のこと）」といった具合ですね。

このためか、**英語初心者が使う英語が現在形ばかり**という場面によく出会います。過去

細かい時制を持つ英語

（Ａ）基本時制（現在・過去・未来）
（Ｂ）完了時制（現在完了・過去完了・未来完了）
（Ｃ）進行時制（現在進行・過去進行・未来進行・現在完了進行・過去完了進行・未来完了進行）

も未来も全部、現在形になっていて、「それ、いつのことですか？」と思わず聞いてしまうこともあります。**時制を正しく使えるかどうかで知性を判断される**のは悔しいですので、ここでざっと復習してしまいましょう。

英語の時制は図のように大きく３つに分けられます。ここでは細かい話には入らず、原理原則の確認にとどめ、また、「現在形」「過去形」という表現を使っていきます。

現在形は、現在の状態だけではなく「習慣としてやっていること」や「不変の事実」を示します。つまり、現在形で話す、ということは「そういう習慣である」「この事実は変わらない」というニュアンスであるわけです。

過去形は「現在とは無関係の」過去の事柄を述べるのに使われるため、「いまはそうではないけれども、昔はこうだった」というようなことを表現するのに使います。

未来形はもう少しややこしくて、「人」が主語になって未来形が使

それぞれの時制の持つ正しい意味合い

・現在形→習慣や不変の事実

（例）I get up early.（早く起きるのは毎日である）

・過去形→「いまは違うけれど、昔はこうだった」こと

（例）He was sick yesterday.（昨日は病気だったけどいまは違うかも）

・未来形→希望や意思表示

（例）I will see you tomorrow.（お会いしたいという気持ち）

I will not go there.（行きませんという意思）

He is going to buy the camera.

（そのカメラを買うつもりで準備をし ている）

・現在完了形→過去からの話が現在まで影響

（例）I have lived in Tokyo since I was born.

（生まれてからずっと東京に住んでいる）

われると、その「人」の希望や意思表示が入ってきます。モノや事象が主語であれば単なる「未来に起こるであろう出来事」になります。

現在完了形は日本語にない時制なのでわかりにくいですが、終わってしまったことを表現する過去形と違い、「過去から続いてきた話が現在まで影響を及ぼしている」ということを言いたいときに使います。

完了形と過去形の違いを説明するのによく使われる例文があります。左上の図の例文を見てください。財布がいまも見つかっていないのはど

「財布がいまでも見つかっていない」のはどっち？

（A）He has lost his wallet.

（B）He lost his wallet.

ちらの例文でしょうか？（正解は本項目の最後）

そして、進行形は「動作」に注目しています。現在形が「習慣」を示すのに対し、現在進行形は「ある一定の期間にやっている動作（一時的な動作）」に特にフォーカスを当てたい場合の時制です。ちなみに、子ども用の英語テキストでは「私は歩いています」「私は食べています」と現在進行形から教えている本が多いのが興味深いです。

このように時制を使い分けるだけでも、これだけ「言外に」意味や気持ちを含ませることができるわけです。せっかくこれだけ**豊かな時制があるのだから、すべて現在形で済ませるのではなく、「この状況を示すのにもっとふさわしい言い方はないかな？」と考える習慣をつけると**、英語での発信力がグンとアップします。

※正解は（A）の He has lost his wallet.
現在完了形は、「いまでもその状態が続いている」ことを示しているから。

46 話せる人は、時制を極める！

47 話せる人はスピーキングを捨て、挫折する人は英会話学校に貢ぐ。

この項目では、**英会話に興味があるからといって、深く考えずに英会話学校に入学すると効率が悪い**ということをお話ししたいと思います。

生徒さんの中に、姉妹で来てくださっているかたがいます。お姉さんは60代後半で、妹さんは60代前半。九州の名家で育ったお2人はいずれも上品で美しく、知的です。海外旅行がお好きでいろいろなところに行ったけれど、子育てが終わったいま、「ツアーコンダクターに『おんぶに抱っこ』ではなく、自分たちの力で旅行したい」と、英語の勉強を続けていらっしゃいます。

このお2人が、先日カナダ旅行に出かけました。6日間、ツアーコンダクターなしの自由旅行です。カナダに行くのははじめてということで、出発まではドキドキだったようですが、本当に楽しんでこられたそうです。街の中では積極的にレストランにもブティックにも入り、食事も買い物も自力でしてきたと笑顔で話していらっしゃいました。

お姉さんが先に英語学習を始められたのですが、当初は「片言で通じれば十分」と思っていらしたそうです。海外に行ったときは、「外国人なんだし」とにかく単語を並べて主張すれば何とかなるだろう、と。そんなときに私のような講師に当たってしまってお気の毒でした（笑）。たとえば、「映画を観た」と言いたいときにまずmovieという単語が出てきてしまうのを修正するところからレッスンを始めましたので。

しばらくは、口を開くたびに、「いまおっしゃった文の主語は何ですか？　述語は？　目的語は？」と私に聞かれるので、「考えていると話せない」と悩んでいましたが、「いまにできるようになりますから、**急がず焦らず、まずはよく考えて主語を口にしてください**」と申し上げていました。

それと同時に、近々には旅行に行く予定はないということでしたので、まずはしっかり基礎をやることになり、英検四級と三級の問題集を始めました。四級はすぐにできるようになったので、三級の問題集をやってきていただき、その問題についていろいろ質問をして答えていただいたり、絵を見て説明していただいたりという授業が続きました。

3、4ヶ月してから、生徒さんの英語力に少しずつ変化が出てきて、まず主語と述語がセットで口から出てくるようになってきました。「私が」とか「彼女が」という主語を文の前に置くことができるようになったのですね。ただ、前置詞が名詞の前にくる規則を覚えること、たとえば「8時から10時まで」と言いたいときにeight from ten toとなってしまうのを直すのにはもう少しかかりましたし、接続詞whenやifの入る文(「もし明日雨が降れば、私は家にいるだろう」など)は苦労なさっていました。ちなみに後者は、日本の中学生にとってかなり難しい発想の転換のようで、理解できないままになっている子も多くいます。

途中、体調を崩されたりもしたため英検受験はまだですが、このかたは2年くらいで話すことは本当に上手になりました。旅行先では焦ると単語だけになったり、語順がめちゃくちゃになったりしたそうですが、「とっさのときにはできなくても構いませんが、普段はきっちり話す練習をしましょう」と常日頃から申し上げていますので、レストランで注文をしたり、ホテルのフロントに「部屋の電気がつかない」と伝える場面などでは練習していた通りの正しいセンテンスで言えたそうです。相手はきちんとした英語で話しかけられたので、きちんと対応しなければと思ったのでしょう。ホテルでもレストランでもよくしていただいたとのことでした。「今回自信がついたし楽しかったので、もっと勉強してゆくゆくはショートステイをしたい」と新たな夢もできました。

「話せればいいから」と英会話学校の会話クラスにお金を払っていたら、ここまで続かなかっただろうとおっしゃっています。**遠回りに見えても、まずスピーキングは捨てて英語の文法から勉強**し、きちんと話す習慣をつけたことで大きな実りを得た姿を見て、私もうれしくなりました。

47 話せる人は、スピーキングの前に基礎を固める！

第7章

文化理解 編

48 話せる人は Thank you. の理由を明確に言い、挫折する人は以心伝心を試みる。

英語の会話では、質問されたことに対し「なぜならば～」と説明を加えることが大切です。日本人同士なら、「まあ、おそらくこういうことが言いたいのだろう」とこちらの気持ちを読んでくれますが、**外国人は原則として「意を汲んで」はくれません**。なので、「どうしてそう思うのか」を明確にすることがコミュニケーションの基本です。

この「理由づけ」の典型的な英語表現が、Thank you for ～です。左の図にあるように、for 以下で御礼の気持ちを明確に伝えています。

「日本語でも『ご静聴いただきありがとうございました』『メールをいただきありがとうございました』と言うから、英語も同じですよね？ どこが違うのですか？」と思ったかた、次の文はいかがですか？「本日はありがとうございました」「どうぞよろしくお願いいたします」。これらの日本語は本当に独特だと思います。外国人にとっては、「何がありがた

Thank you for ～で具体的に「理由づけ」する癖をつける

Thank you for listening.（聴いてくださってありがとう）
Thank you for your email.（メールをくださってありがとう）
※ for は「～に対して」を表す

× Thank you for today.（本日はありがとうございました）はあいまいで伝わらない、日本語発想。

いのか？」「何をよろしくされているのか？（よろしくお願いします、が何かを頼まれていることはわかるのですが、それが『何について』なのか、もしくは『何を』『どこまで』頼まれているのか？）」がわからないという状態に陥ります。

つまり、日本語で言うところの「本日はありがとうございました」のつもりで、Thank you for today. と言われても、ネイティブにはわかりません。「何についての感謝か」を具体的に言わないとならないのです。お礼を言いたいときには、たとえば、Thank you for coming today.（今日はお越しくださりありがとうございました）とか Thank you for the productive meeting.（おかげさまで、実りある会議となりました、ありがとうございました）というように、具体的な事項を挙げて感謝することになります。

なお、「よろしくお願いします」の英語訳としては、具体的な依頼をしてから最後にThank you for your help. をつけたり、I will leave it to you.（それをあなたに任せます）と言ったりするくらいでしょうが、いずれにしても、「何について」お願いするのかを明らかにしてからつけるところが日本語と違います。ただ何となく挨拶代わりに「よろしくお願いします」とは言わないのです。

日本語教育・英語教育に通じておられる水谷信子先生が興味深いことを書かれていました。英語では「先日はありがとうございました」つまり、Thank you for your kindness the other day. と言うことはほとんどないそうです。たとえば、外国人が日本人の自宅に招かれたとして、そのときにはもちろんお礼も言い、辞去したすぐあとで thank-you note（お礼状）を送ったりはしますが、何日かあとに会ったときに再度お礼を言う習慣がないからだそうです。日本人としては「お世話になったのだから、何度でもお礼を言うべき」と思うのですが、これはまさに文化のギャップなのでしょうね。

もうひとつ、**日本人の会話には sorry が多い**というのもよく言われます。すぐに謝る

保留の電話に出るときの一言でこんなに違う

・英語
Thank you for waiting.（お待ちいただいてありがとうございます）

・日本語
「お待たせいたしまして申し訳ございません」

日本人、ではないですが「申し訳ありません」の意味でsorryを頻繁に使う傾向は確かにあります。もちろん、遅刻したなどこちらにはっきりとした非があるときにはSorry I am late.（遅刻して申し訳ございません）などと謝りますし、来客中に応接室に入るときにはSorry for interrupting you.（お話し中失礼します）と言いますが、次に紹介する電話などで待たせたときの表現は英語ならではです。

たとえば問合せの電話がかかってきて、それに対し何か調べものをするために保留にしたとします。その保留を解除して再び話し出すときの第一声は上の図を見ると英語と日本語の違いが一目瞭然ですね。**日本語と英語では「謝意の表し方」が違う**ことを知っていると、外国人にもうまく感謝を伝えられるようになります。

48 話せる人は、「なぜお礼を言っているか」を明確に言う！

49 話せる人は背筋を伸ばして話し、挫折する人はへこへこする。

私は大学を卒業してから、日本企業にも3年ほど籍を置きましたが、主に外資系企業で勤務してきました。日本支社が閉鎖されたり、会社が買収されたり、上司が辞めてしまったり、毎月送別会があったり…と当時は大変だったり、「もう絶対外資なんていやだ」と思ったりしたことが多かったとはいえ、いまとなっては「外資ならでは」の経験ができたことは財産だったかなとも思います。

そんな18年余の外資系生活の中で、印象に残っていることといえば日本人上司たちが実に堂々としていらしたこと。本社が海外にありますから、私の上司である日本での事業責任者の方々はみな英語が堪能でしたが、それだけではなくフットワークが軽く、ご自分で動かれることが多かったことをよく覚えています。

そして、ほぼ全員に共通していたのは、背筋を伸ばして話をされること。**お辞儀をするにしても握手をするにしても、卑屈な感じがなく、礼儀を守りながらもプライドがある**という印象の方々でした。

アップル・コンピュータの元チーフ・エバンジェリストであり、現在はベンチャーキャピタリスト兼人気講演家でもあるガイ・カワサキ氏が『人を魅了する 一流の職業人であるための技術』（海と月社）という面白い本を書いています。

その中で「人から好感を持ってもらう」ための方法について、カワサキ氏は1章を割いて説明しています。

まずは第一印象。４つの要素（笑顔、服装、握手、言葉遣い）が第一印象をよくするそうです。

すばらしい笑顔を作るには目の周りにある「眼輪筋《がんりんきん》」も使うことが大切です。ちなみに、作り笑いは顎から口角にかけての「大頬骨筋《だいきょうこつきん》」だけしか使っていないそうです。ここを動かすのは簡単だからだとか。服装は相手や組織に合わせる。完璧な握手をする。正しい言葉を使う…と続きます。

ここで、日本人にはなじみが少ない「完璧な握手」とはどういうものか、カワサキ氏は1ページをさいて説明してくれていますので紹介します。

・相手の目を直接見る
・適切な挨拶の言葉を口にする
・デュシェンヌ・スマイル（眼輪筋も使った笑顔）を浮かべる
・相手の手をしっかり握る
・不快になるほど近すぎず、よそよそしいと思われるほど遠すぎず、適度な距離を置く
・手はひんやりと乾かし、なめらかに
・勢いは中程度
・握るのはせいぜい2、3秒

うーん、握手ひとつとってもここまでお作法があるとは深いですね。握手という挨拶は日本人にとってなじみがないため、このような基礎知識を身につけておくといざというときに安心でしょう。

そして、**実際に話が始まったら、主張すべきときには主張**をします。**英語があまり上手ではなくても、伝えるべきメッセージがきちんとしていれば相手に通じる**のは、多くの上司を見ていての実感です。

力強いメッセージを送るコツは、前出のカワサキ氏によると、

・シンプルな言葉を使う。辞書を引かないとわからないような語いは避ける
・「正しい言葉が使われるべきだ」ではなく「正しい言葉を使うべきだ」のように受動態ではなく能動態を使う
・話は短く
・あいまいさがない、共通のたとえを使う（たとえ話は地域性が強いので、子どもや家庭生活など、万人共通のたとえから離れないこと）

「英語ペラペラで海外かぶれ」を目指すのではなく、好感度とコミュニケーション力を磨くのが「話せる人」への近道です。

49 話せる人は、好感度が高く堂々と話す！

50 話せる人は相手に好きな話をさせ、挫折する人は自分が無理に話そうとする。

雑談は英語で small talk と言います。ネイティブと仕事をしているかたは、「何が大変って、英語で雑談することが多くて…。仕事の話など決まったことであれば何とか準備してこなせるけれども…」とおっしゃいます。日本人に比べて英語のネイティブは頻繁に雑談する傾向にあります。最初は慣れないかもしれませんが、ひとつの文化として対策するのが賢い方法と言えるでしょう。そこで、**簡単な雑談ネタを仕込んでおきましょう**。といっても、**自分から話を振れなくても大丈夫です。こちらからするのは「質問する」こと**。会食などでしばらく一緒にいなければならないときには、先方に話してもらうに限ります。

以前の勤務先で、米国に留学していた、英語堪能のコンサルタントが「アメリカ人と食事しているときなどは話すのが面倒なので、相手にアメフトの話か野球の話を振っておく。そうすれば勝手に相手が盛り上がって話し続けるので、チームの名前や選手の名前など詳しいことがわからなくてもAwesome!（すごい！）とかCool!（かっこいいね！）などと言って済ましていた」と話していて、「おっ、いいことを聞いた」とひそかに思ったことがあります。また、英語がそれほど得意でない生徒さんは外国人との会食のときに、What do you do in your free time?（空いている時間は何をしていますか？）とWhere do you want to go in Japan?（日本でどこに行きたいですか？）で乗り切るそうです。つまり、**「相手が好きな話をしてもらう」のが雑談をこなすコツ**です。

また、**会話とは共通項を見つけ出すこと**とよく言います。相手のツボを探すというか、相手が乗ってくれる話という「金脈」を掘り当てればあとは相手が話してくれるので、それを聞いて、That is nice! /Really? と時折合いの手を入れれば失礼にはなりません。特にエレベータでの雑談は日本人になじみが少ないかもしれません。「エレベータの中で乗り合わせた人と、何か話したほうがいいですか？」と質問されたことがありますが、知人でなければ、目を合わせて挨拶だけで無理に話さなくても大丈夫です。知っているかただと、How are you? と聞かれることが多いので、Fine, thank you. And you? Are you busy? などと返事しておけば十分でしょう。

雑談のトピック例

■現在の話

・天気

It is sunny/fine/windy today.（晴れ・よい天気・風が強い）

It is raining heavily today.（雨がひどい）

It is hot/cold today.（暑い・寒い）

It is getting warmer/cooler.（暖かく・涼しくなってきた）

・相手の話

How are you doing?（最近どうか ）

Are you busy?（忙しいかどうか）

・家族の話

How is your family?（ご家族はお元気かどうか）

Is your son getting better?（息子さんは具合がよくなったか）

・趣味の話

Do you have any hobbies?（趣味を聞く）

What do you do in your free time?（趣味を聞く）

■過去の話

How was your weekend? または What did you do last weekend?（週末は何をしたか）

Where have you visited in Japan?（日本ではどこに行ったか）

What did you do when you were a student?（学生時代）

Have you ever visited~?

（～に行ったことがあるか）

■未来の話

What are you planning to do this weekend?（今週末の予定）

Where do you want to go on your next vacation?

（休暇の予定）

あと、外国人の同僚や上司などと複数人で食事をしていて、「はじめは雑談だったけれど、だんだん仕事の話になり、彼ら同士の話についていけなくなった」という場合には、無理に話に混ざろうとする必要はなく、黙って聴いていても構わないと思います。雑談の文化に急に適応しようとしても気疲れしてしまうので、右のトピック例を参考に基本からおさえてください。

先にご紹介した工藤紘実さんの本にありましたが、日本人の会話には「血液型」と「星座」の話が多いので、通訳のかたはそれらをあらかじめ勉強しておくそうです。「血液型」を語るのは日本人独特ですが、星座の話は外国人も好きですね。ドイツ語のテキストで「星座から見たら相性がいいから大丈夫」という会話シーンを見たことがあります。これも、「共通項を探る」作戦のひとつと言えるので、「星座を一通り覚えておく」のも手です。

50 話せる人は、相手の興味に合わせて質問する!

おわりに　～第51項目　数学が苦手なAちゃんの話～

まずは、お読みくださったかたに心からの感謝を捧げます。今回の執筆では、何度か中断を余儀なくされ、そのたびに「もしかしたら最後まで書けないかも」という恐怖に襲われました。編集の余田志保さんには、前著に引き続き多大なるご迷惑をおかけしました。申し訳ございません！ここまでたどりついてほっとしております。

と言いつつ、脱稿直前にあった出来事について、どうしても書いておきたいので、ここでエピローグとして、書かせていただきます。

今春中学校に入学した女子生徒が週に一度、私のところに勉強にやってくるのですが、彼女は勉強が大嫌い。名前をAちゃんと言います。Aちゃんは、小学校時代は特に算数がダメで、分数の計算などは何度やってもよくわからないままでした。あまり頑張らせるとパニック状態になるので、「まあ、時がたてばわかるだろう」とあまり急がせず、〝天敵の〟分数を離れて少し違うことをやろうと思い、小学校卒業間近の3月初旬から、正負の数の計算を始めました。まずは数直線を書き、プラスとマイナスの計算の「動き方」を教えました。プラスなら向かって右、マイナスなら向かって左に動く、ということを説明し、「とにかく数直線の目盛りを数えなさい。数えて答えが合えばいいから」と話しました。

この方法で2ヶ月。彼女は自分で数直線を書いて、＋1－4とか－5＋3とか－8－2などを指で数えながら、答えを出していました。いちいち数えるため、問題を解くスピードはとても遅いので、はたから見ていると「あー、絶対値が大きい方の符号をつけて、それから…」と「近道」を言いたくなりますが、ぐっと我慢をして手出しをせずに、彼女のペースでやらせました。

なにしろ生まれてはじめて習う「プラス・マイナス」の概念です。数え間違いや動く方向間違いなどを何度もやり、間違いを指摘されるたびに彼女は不機嫌になって、そこで勉強は終わり。しかし、次の週にはまた通常通りやって来るという状態が続きました。

5月第3週のこと。いつも通りジャージ姿でやってきたAちゃんは、「今日はこれをやらないといけないから」と言いながら問題集を出します。問題を見ると、これまでよりも少し式が長く難しめの問題になっています。「大丈夫かな」と思いつつも黙って見ていると、そのまま問題を解き始めました。

「あれ？ 数直線を書かなくていいの？」と聞くと、「うん」とひとこと。－9＋3－4－5とか10－25－9＋8などという計算を、数直線も書かず指で数えもせず黙々とやっています。先週までは「まず数直線。右に行くとプラス、左にいくとマイナス」とやっていたのに。そして、かかる時間はこれまでの半分以下で、やった問題はすべて正解です。「…もしかして、『わかった』？」と聞くと、「うん、『わかった』」。私はこのとき、言葉にできないくらいの感動を覚えました。

２ヶ月間、ずっと彼女なりに模索していたのでしょう。何かがわかりそうなのに、わからない。できたと思って提出したのにバツにされる。困惑、落胆、挫折…が続いていたのだと思います。けれど、Aちゃんは「これ以上算数（数学）に悩まされるのは嫌だ。わかるようになりたい」と思っていたのでしょう。だから、毎回同じ説明をする私のことを、「この人、何を言っているんだろう」と、口には出さないまでも、彼女は彼女なりに「正負の数」に取り組み続けたのでしょう。

結果が出るときはあっという間でした。あるとき突然、彼女は「これまでやってきた2ヶ月間のこと」を理解し、「もう、間違う気がしない」という状態になりました。

また、5月に入ったころから勉強の態度も変わってきました。それまでの「半分遊び・半分勉強」がうそのように、他の子が90分かけてやるような分量を集中して60分で終わらせ、「今日はここまででいい」と自分で決めて帰って行くという感じです。「集中して短時間でやる」という自分のスタイルを見つけたようなので、私は彼女のお母様に「Aちゃんは『短時間集中タイプ』なので、やるべき課題を終わらせたらその日の授業は終了とします」と伝えて、ご了承いただきました。

この今回の経験から、年齢や科目に関係ない「普遍的な勉強法とは何か」を教わったように思います。自分の勉強スタイルを見つけること。原理原則を守ること。結果が出なくても続けること。挫折を力にしていくこと。あわてずに時が熟すのを待つこと。待つということは「続ける」ことであること。勉強法はあくまでも方法論にしか過ぎません。が、そこに血が通い、肉となったときに、学習者の「チカラ」となって働いてくれるものだと、私は信じています。

ここでいまひとたび、すべての生徒さんたちに、お読みくださったあなたに、心からの感謝を。また、英語教育法の先達の皆様に深く感謝します。本の最後に参考文献という形で紹介した本以外にも、すべてのかたのお名前を挙げることは叶いませんが、本当に多くの先生方からいただいたご教授によって、現在の私があります。謹んで御礼申し上げます。

そして、いつも真摯で有能な「できる編集者」余田志保さんに、重ねてのお詫びと感謝を。

Thank you and wish you all the very best for the future.

2015年5月　西　真理子

参考文献リスト

・『同時通訳者の英語ノート術&学習法』(工藤紘実著、中教出版)
・『日本人の英語勉強法』(ジェームス・M・バーダマン著、中教出版)
・『努力したぶんだけ魔法のように成果が出る英語勉強法』(清涼院流水著、PHP研究所)
・『おとなの英語力』(宮永國子著、青土社)
・『バンクーバー発音の鬼が日本人のためにまとめたネイティブ発音のコツ33』(リチャード川口著、明日香出版社)
・『TOEIC(R)テスト対応 英文法ネイティブ・アイ』(松岡浩史著、ジャパンタイムズ)
・『人を魅了する 一流の職業人であるための技術』(ガイ・カワサキ著、依田卓己訳、海と月社)
・『総合英語 Forest 第五版』(石黒昭博著、桐原書店)
・『どんどん話すための瞬間英作文トレーニング』(森沢洋介著、ベレ出版)
・『海外経験ゼロでも仕事が忙しくても「英語は1年」でマスターできる』(三木雄信著、PHP研究所)
・『日本人が誤解する英語』(マーク・ピーターセン著、光文社)

・『感じのよい英語　感じのよい日本語　日英比較コミュニケーションの文法』（水谷信子著　くろしお出版）
・『バイリンガルオフィスプロの実務』（日本秘書協会）
・『秘書の英語〈実務ハンドブック〉』（西真理子著、研究社）
・"Teaching Tenses"（Rosemary Aitken, ELB Publishing）
・『グローバル思考の英会話 イェール大学言語学博士 特別セミナー』（ウィリアム・A・ヴァンス（著）、神田房枝（翻訳）（監修）、ディーエイチシー）
・「東洋経済オンライン」（2015・5・1「歴史的演説！首相を支えた10のプレゼン技術」）
・「シノドス」（2014・8・21「日本は英語化しているは本当か？ ―日本人の1割も英語を必要としていない）
・『チーム・ブライアン』（ブライアン・オーサー著、講談社）

「もっと向上したい、勉強したい！」というかたと、ご縁がありますように (^^)

【個人授業＆ワークショップ】

・英語

大好評の英語授業。生まれも育ちも日本、ホームステイさえしたことがない日本人が英語を学ぶには？ という観点から英語をお教えしています。勉強法はわかったが、自分１人では続かないし、疑問点を解消したいので習いたいというかたも最近では多くいらしています。首都圏以外のかたにはオンラインで授業をしております。

・バイリンガル簿記会計基礎

簿記に挫折した、ましてや英語なんてというかたこそ大歓迎。日英両方で簿記会計の基礎を学びます。「こういうことだったのか！」「面白い！」という声を現役秘書や営業職のかたなどから多くいただいています。

＊個人授業はおかげさまで、空き日時が少なくなってきておりますが、まずはお気軽にお問い合わせくださいませ (^^)

【法人様対象企業研修】

日系・外資問わず多くの企業様で、ビジネス英語・接客英語の社内研修をさせていただいており、いずれもご好評をいただいております。内容はご要望に応じます。ぜひお問い合わせくださいませ。

【コンタクト】

http://www.marikonishi.com/

メルマガ「秘書応援通信♪」では、英語関連の記事も書いております。無料で配信しておりますので、ぜひご購読ください！

メールアドレス　mariko@marikonishi.com

■著者略歴
西　真理子（にし　まりこ）
(Mariko Nishi=Nakaya)
英語コーチ・ビジネススキル講師

長崎県出身、国際基督教大学教養学部卒。英語と無縁の環境で育ったが、中学1年でNHK『基礎英語』に出会ったときに英語に魅せられ学習を開始。留学・海外経験ゼロだが、英会話学校に通わず自身の勉強法により英語力を伸ばし、大学卒業後は外資系企業数社にて役員秘書・エグゼクティブアシスタントを務める。秘書時代は日本人、アメリカ人、スウェーデン人、イギリス人、香港人の社長や重役について通訳翻訳を含む幅広い業務に従事。

現在は秘書技術及びビジネス英語・ホスピタリティ業界英語などのビジネススキル講座講師としてトレーニング事業に携わる他、英語コーチとして小学生から60代までの生徒に「英語が面白い！という瞬間を味わってほしい」との想いで授業を行う。秘書職の方々に定評がある「プロフェッショナル秘書セミナー」の他、外資系製薬会社などで秘書研修の実績多数。

1994年国際秘書検定、2005年秘書検定一級合格。日本人としてはじめて米国公認秘書検定（1995年）および米国上級秘書検定（2002年）に合格。2006年、米国人でも入学・卒業が困難なバーチャルアシスタント養成機関のAssistUに合格（日本人初）、コースを優秀賞にて修了。2009年、秘書の域を超えた技能や知識が必要とされるオンラインビジネスマネジャー養成コース（米国）を修了（アジア人初）。公認英文レジュメライター（英文履歴書のプロフェッショナル）の資格も持つ（日本人初）。2010年、日本パブリックリレーションズ協会認定PRプランナー合格。英検一級。

「難しいことをわかりやすく親しみやすく」がモットー。著書に『「できる秘書」と「ダメ秘書」の習慣』（明日香出版社）、『秘書の英語　実務ハンドブック』（研究社）、監訳書に『ホワイトハウスの超仕事術』（バベルプレス）がある。

本書の内容に関するお問い合わせ
明日香出版社　編集部
☎(03)5395-7651

「英語《えいご》を話《はな》せる人《ひと》」と「挫折《ざせつ》する人《ひと》」の習慣《しゅうかん》

2015年　7月　21日　初版発行
2015年　8月　8日　第9刷発行

著　者　西《にし》　真《ま》　理《り》　子《こ》
発行者　石　野　栄　一

〒112-0005 東京都文京区水道2-11-5
電話 (03) 5395-7650（代 表）
(03) 5395-7654（FAX）
郵便振替 00150-6-183481
http://www.asuka-g.co.jp

明日香出版社

■スタッフ■　編集　早川朋子／久松圭祐／藤田知子／古川創一／余田志保／大久保遥
営業　小林勝／奥本達哉／浜田充弘／渡辺久夫／平戸基之／野口優／横尾一樹／田中裕也／関山美保子　総務経理　藤本さやか

印刷　美研プリンティング株式会社
製本　根本製本株式会社
ISBN 978-4-7569-1782-9 C2082

編集担当　余田志保

MP3CD-ROM付き　バーダマン先生のリアルな英会話フレーズ

ジェームス・M・バーダマン

早稲田の有名教授、バーダマン先生によるリアルな英語フレーズ。あいさつ・雑談・食事・ショッピングからスラングまで、リアルな表現を集めました。全てのフレーズに解説＆会話例を収録しているので、読めば読むほど理解が深まって英語と仲良くなれるフレーズ集の決定版!!

本体定価 1700 円＋税　B6 変型　280 ページ
ISBN4-7569-1731-7　2014/10 発行

MP3CD-ROM付き　世界で戦う 伝わるビジネス英語

浅見ベートーベン／ Bill Benfield

出張、メール、電話、プレゼン、会議など、ビジネスで英語を使わなくてはいけない方へ。あらゆるビジネスシーンを想定して会話例やボキャブラリーをまとめています。

本体定価 2200円＋税　A5　312ページ
ISBN4-7569-1719-5　2014/08発行

「できる秘書」と「ダメ秘書」の習慣

西　真理子

「できる秘書」の習慣から、できる女子社員になるための秘訣を学んでみませんか？
日本人として初めて米国公認秘書検定に合格したカリスマ秘書が「仕事ができてかっこいい、職場で愛される働き女子」になる方法を教えます！

本体定価 1400円＋税　B6　240ページ
ISBN4-7569-1693-8　2014/4 発行